Franz Friedrich Leitschuh

Die Familie Preisler und Markus Tuscher

Ein Beitrag zur Geschichte der Kunst im 17. und 18. Jahrhundert

Franz Friedrich Leitschuh

Die Familie Preisler und Markus Tuscher
Ein Beitrag zur Geschichte der Kunst im 17. und 18. Jahrhundert

ISBN/EAN: 9783743486201

Hergestellt in Europa, USA, Kanada, Australien, Japan

Cover: Foto ©Thomas Meinert / pixelio.de

Weitere Bücher finden Sie auf **www.hansebooks.com**

BEITRÄGE ZUR KUNSTGESCHICHTE

NEUE FOLGE.

III.

DIE FAMILIE PREISLER UND MARKUS TUSCHER

VON

F. F. LEITSCHUH.

DIE FAMILIE PREISLER

UND

MARKUS TUSCHER.

EIN BEITRAG ZUR GESCHICHTE DER KUNST IM
17. UND 18. JAHRHUNDERT

VON

FRANZ FRIEDRICH LEITSCHUH.

LEIPZIG
VERLAG VON E. A. SEEMANN
1886.

MEINEN HOCHVEREHRTEN LEHRERN

Dr. MARTIN KATZENBERGER
PROFESSOR DER PHILOSOPHIE UND REKTOR AM KÖNIGLICH BAYRISCHEN LYCEUM
IN BAMBERG

UND

Dr. J. RUDOLF RAHN
O. Ö. PROFESSOR DER KUNSTGESCHICHTE AN DER UNIVERSITÄT UND DEM
EIDGENÖSSISCHEN POLYTECHNIKUM IN ZÜRICH

IN DANKBARER VEREHRUNG.

VORWORT.

Die deutsche Kunst des 17. und 18. Jahrhunderts bietet nur wenig des Anziehenden, des wahrhaft Erquickenden. Während Rubens der Vlämischen Kunst aufs neue eine nationale Sprache verleiht, während in Holland Rembrandt den Höhe- und Mittelpunkt einer originell schöpferischen Schule bildet, liegt in Deutschland alles nationale Leben, alle Kultur brach darnieder. Und als die Wunden, die der dreifsigjährige Krieg geschlagen, zu heilen beginnen, betäubt Gewitterschwüle die Knospen deutscher Kunst und läfst sie an geborstnen Schollen schlaff darniederhangen. Der akademische Formalismus feiert seine Triumphe. Fern lauern Wolken, hin und wieder von einem matten Leuchten durchzuckt. Endlich aber braust ein rauher Sturm durch die schlafversunkene deutsche Kunst, um sie mit Blitz und Donner aus der Betäubung zu wecken. Die Kraft des akademischen Formalismus ist für immer gebrochen. —

Es darf nicht allein die Aufgabe des Kunsthistorikers sein, die glänzenden Epochen der deutschen Kunst zu schildern, sich mit einzelnen hervorragenden Grössen zu beschäftigen — es gilt auch, den allgemeinen Kunstzustand einer bestimmten Zeit festzustellen, um darnach die relative Bedeutung jener Heroen abzuschätzen. Alwin Schultz wies mit vollem Rechte darauf hin, dafs es wissenschaftlich unstatthaft sei, mit vornehmem Achselzucken über eine Periode des Verfalles hinwegzugehen: was einmal auf dem Gebiete der Kunst vorhanden, ist auch einer Untersuchung wert. Ein richtiges Urteil über den Entwickelungsgang der Kunst können wir uns ja nur dann bilden, wenn wir auch die Gründe des Verfalles, die Entwickelung des Zerstörungsprozesses, das Fortdauern oder Neuentstehen lebenskräftiger Momente, welche ein Wiedererstehen der Kunst ermöglichen, zu erkennen vermögen.

Zur Untersuchung der trüben Zeit des Niederganges deutscher Kunst eignet sich vornehmlich der „klassische Boden" Nürnbergs. Hier, wo wir das selbständige Leben der fränkischen Malerschule, von unvollkommenen Anfängen zu immer gröfserer Ausbildung aufsteigend, mit Dürer seine Vollendung feiern sehen — hier jenen Widerspruch, der bald darauf an dem Kerne des Kunstlebens nagen sollte, vorurteilslos an dem Wirken einer Künstlerfamilie darzustellen und ein auf Forschung begründetes Bild zu entwerfen, diese Aufgabe schien mir wert, als ein, freilich sehr bescheidener, Beitrag zur Ausfüllung einer die deutsche Kunstgeschichte entstellenden Lücke behandelt zu werden.

Wir sehen im Verlaufe der Darstellung, wie sich der Schauplatz der künstlerischen Thätigkeit nach dem Norden verlegt — und hier begegnen wir den Reformatoren unserer Kunst, deren Bedeutung vornehmlich in der Rettung unseres Glaubens an eine reine Kunst ruht, deren Ziele mit denjenigen nahe zusammentreffen, welche die deutsche Kunst des 16. Jahrhunderts erstrebt und erreicht hatte.

Franz Friedrich Leitschuh.

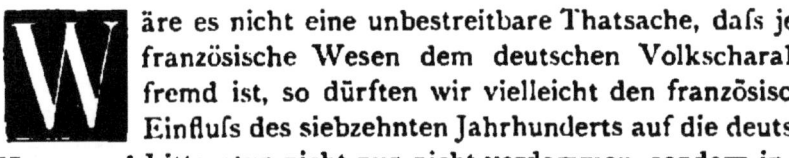äre es nicht eine unbestreitbare Thatsache, dafs jedes französische Wesen dem deutschen Volkscharakter fremd ist, so dürften wir vielleicht den französischen Einflufs des siebzehnten Jahrhunderts auf die deutsche Kunst und Litteratur nicht nur nicht verdammen, sondern in gewisser Hinsicht sogar willkommen heifsen.

Die neue gewaltige Bewegung, welche um den Anfang des siebzehnten Jahrhunderts alle Leidenschaften entfesselte, wies auch der französischen Kunst neue Bahnen an und verlieh ihr ein Gepräge, das die Stürme jener Tage treulich wiederspiegelt.

Nach dem dreifsigjährigen Kriege schwand jede Selbständigkeit und Originalität in der deutschen Kunst: wie das deutsche Volkstum verkümmerte, so büfste auch die Kunst jedes Selbstbewufstsein, jede Eigenart ein. Es ist begreiflich, dafs in solcher trostlosen Zeit sich auch die Augen der Künstler auf ein Land richteten, welches den Ausgangspunkt der Geisteswerke bildete, die sich über das bewundernde Europa ergossen, — auf ein Land, welches sich zur Gesetzgeberin der Mode, des Anstandes und des guten Tones aufgeschwungen hatte und durch seinen in allem Schimmer der Macht strahlenden Glanz nicht nur die grofse Masse, sondern auch die im Volke geistig am höchsten Stehenden blendete.

Und als Ludwig XIV. alt und fromm geworden war und die frühere Lebensluft an seinem Hofe nicht mehr vertrug, traten an seine Seite augenverdrehende Heuchler und salbadernde Kopfhänger — aber einzig der Hof besafs so viel Rücksicht, mit dem alternden König alt und erschöpft zu scheinen. Die „galanten Feste" blühten unter der Zwangsjacke eines spanischen Etiquettenwesens erst recht auf und übten auf die Malerei einen Einfluſs von eminenter Bedeutung aus. Wie anders mutet uns die Vergötterung zarter Sinnlichkeit und idealer Poesie eines Watteau an, als die damals beliebten Verzückungen in der religiösen Malerei, die affektierte Würde, das theatralische Pathos, welches dem Individuum auch im Porträt zu teil wurde. Aber wie grofs mufs Hyacinth Rigaud dem deutschen Maler erschienen sein, der alles und jedes in überraschender Weise wiederzugeben verstand! Die Zeit, in der Boucher „die Natur idealisierte", Vanloo pikant und — maniriert zeichnete, in der des Italieners Berettinis schöpferische Kraft weite Flächen mit geistlosen Kompositionen bedeckte — eine solche Zeit mit solcher Kunst besass für den deutschen Maler einen unendlichen Reiz. Die Kunst, welche man jetzt so eifrig in Rom und Paris pflegte, versprach als Lohn für Handfertigkeit und künstlerische Ausschweifung ungeheure Reichtümer: und deshalb zögerte man nicht, die Brücke, welche die moderne Kunst mit der älteren verband, schleunig abzubrechen.

Aber blicken wir weiter. Albert von Zahn weist mit Recht darauf hin, dafs auffallender Weise Watteau, der vor der Ausbildung des architektonischen Rococo — und so werden wir wol die äufsere Erscheinung der vornehmen Welt und ihrer Kunstform im Zeitalter Ludwigs XV. stets bezeichnen — gestorben ist, als der am meisten charakteristische Künstler dieses Stils bezeichnet werden darf, und dass Boucher als ein stilistischer Nachzügler des Rococo zu gelten hat, weil seine Hauptthätigkeit bereits unter die Herrschaft des architektonischen Zopfes fällt.

Wenn wir auch heute diese arg verketzerte, eigentümliche Gestaltung, welche die Renaissancekunst in Frankreich annahm, nicht mehr als eine greuliche Verirrung betrachten, sondern als ein notwendiges Ergebnis der Zeit, dem sich bedeutende Vorzüge nicht absprechen lassen, sobald man es im Zusammenhange mit der Gesamtkultur betrachtet, so sagen wir uns doch, dafs die Kunst des Rococo nicht durch einfache Wahrheit, durch Adel der Gestalten, durch Tiefe der Empfindung zu wirken gesucht hat, aber wir können ebensowenig ihre Fülle von Grazie und Liebenswürdigkeit, ihr bestrickendes, schöngeistiges Empfinden leugnen.

Die letzte Phase der Kunstentwickelung des vorreformatorischen achtzehnten Jahrhunderts trägt die stilistischen Eigentümlichkeiten des Zopfes. Ein Blick auf diese Periode erfüllt uns mit Unbehagen. Wie wir im bürgerlichen Leben beim Zopf an gefügige, ehrfurchtsvoll-bedientenhafte, aber graziöse Nachgiebigkeit denken, an ein Gemisch vom besten, gesellschaftlichen Tone und völligem Mangel an Freiheitsgefühl, so haben wir, wie Hermann Grimm sehr wahr sagt, in der Kunst nicht an ein Deficit im Auftreten, sondern an Charakter zu denken. Das Wirken Carstens bedeutet den Bruch mit dieser ganzen künstlerischen Produktion, die das Gepräge des Unzulänglichen trägt — erst Cornelius und Overbeck, welche in die seit der Reformation verlassene Bahn, die durch Albrecht Dürer so glänzend vertreten wurde, wieder einlenkten, vermochten die Epoche der neuerwachten Kunst hervorzurufen und ihr eine neue, kräftige, echt deutsche Sprache zu verleihen. —

Während in Frankreich sich unter dem Zepter des Königs eine Kunst entwickelte, die ein getreues Abbild des goldenen Zeitalters des Liebens und des Geniefsens bot, während hier hochbegabte Meister ihre Kraft an „galanten Darstellungen" vergeudeten und eine „antike Welt" neu erstehen liessen, während Frankreich also, trotz seiner Porträts der galanten Marquis und der schmachtenden Damen mit den süfslich lächelnden Mienen, eine wirkliche und deshalb wahre, eigenartige Kunst besafs, die als ein getreuer Interpret jener Tage gelten darf — so herrschte in Deutschland eine trostlose Öde: nie war die deutsche Kunst ärmer an Talenten! Man kann kaum von hervorragenden Erscheinungen aus jener Zeit sprechen, und keinen der damaligen Künstler können wir dafür verantwortlich machen, dafs das schöpferische Kunstvermögen in Deutschland erlosch — keinem dürfen wir zürnen, dafs er nicht mit mächtiger Stimme dem Verfalle der Kunst Einhalt gebot. Denn es ist eine traurige Thatsache, dafs uns in jener Zeit keine einzige greifbare Künstlergestalt entgegentritt, die mit festem, selbständigem Streben ausgestattet, unbeirrt von dem Geschmacke der Zeit, der welschen Hochflut einen Damm hätte bauen können.

Die Historienmalerei war der ausgelebteste Zweig der damaligen Malerei — aber sie war unentbehrlich für Vornehme und Fürsten; sie war ein Teil der Hof- und Kirchenetiquette. Karl Justi meint mit Recht, dafs ihre konventionelle Manier durch Akademien fortgepflanzt in der bildenden Kunst etwa dasselbe war, was die Tragödie in der Poesie. Ihre Götter und Heiligen, ruft er aus, sind akademische Schemen, indes zuweilen, durch die Verschmelzung von leicht angeeigneten Darstellungsformen grofser Vorbilder, von ganz stattlichem Ansehen!

Wol finden sich im deutschen Porträt und in der Landschaft vereinzelte bessere Ansätze, wol fühlen wir, dafs der herrliche Aufschwung, den die Landschaftsmalerei vorher genommen, seine Wirkung noch geltend zu machen weifs — aber im übrigen begegnen wir nur geistlosen Nachahmern, blofsen Kopisten oder Eklektikern, denen jede Spur von Eigentümlichkeit in Auffassung und Kolorit verloren gegangen ist. Ihre Werke vermögen uns nicht zu erwärmen: ihre gesuchten Bewegungen und Manieren lassen uns kalt. Die Kunstfertigkeit, das Virtuosentum, ist an die Stelle wahrer Kunst getreten.

Für unsere Untersuchung ist es geboten, einen Blick auf die Kunst in Nürnberg während jener Zeit zu werfen. Es ist kein erfreuliches Bild, welches sich uns darbietet; wir sehen die einstige Gröfse tief gesunken — und nach und nach in die tiefste Ohnmacht des Verderbens stürzen. Und dann stand Nürnberg still — aber der Geist der Zeit schritt fort, ringsum zunehmend. Bedeutende Meister hat Nürnberg nicht mehr aufzuweisen: es ist eine leidliche Vertretung, welche die Kunst in der Stadt Dürers jetzt findet. Alle die grofsen Zeitveränderungen prägten ihr Siegel der alternden Stadt auf die gefurchte Stirne: die Jammerzeit des dreifsigjährigen Krieges, die Bedrückungen eines der Kunst in ihrem eigentlichsten Wesen widerwärtigen Zunftzwanges, die Schönheitspflästerchen- und Perückenzeit.

Zu den namhafteren Meistern jener Epoche zählten entschieden die Glieder der Familie Preisler[1]) in Nürnberg. Nach

---

[1]) Der Name Preisler wird verschieden geschrieben: Sandrart schreibt Preissler, ihm folgt Doppelmayr; Will und die ihm Folgenden schreiben

den Aufzeichnungen des Malers Dan. Preisler lag seine Heimat in Böhmen. Seine Vorfahren waren Glasbläser. Ein gläserner Krug, den Georg Preisler 1471 fertigte, erbte sich als Wahrzeichen ihrer Abstammung von Kind zu Kind fort. Der Vater Daniels, Georg Preisler, lebte als ehrsamer Schlossermeister in der Neustadt zu Prag. Am 8. März 1627 erblickte der zweite Sohn des Schlossers Preisler das Licht der Welt. Bei seiner Taufe standen zwei Bürger und zwei Bürgerinnen Pate, und sie nannten den Knaben Daniel. Schon im nächsten Jahre wanderten seine Eltern, um den Religionsbedrängnissen zu entgehen, von Prag aus und erwählten Dresden zu ihrem Wohnsitze. 1642 wurde Daniel daselbst zu dem Oberhofmaler Christian Schiebling in die Lehre geschickt. Bei ihm sollte er zeichnen und malen lernen. Zwei Jahre nachdem Daniel ausgelernt hatte, verliefs er Dresden, durchwanderte Deutschland und Österreich und kam 1652 nach Nürnberg.[1] Hier liefs er sich dauernd nieder: wir dürfen wol annehmen, dafs der 25 jährige Mann noch die Werkstätte eines Nürnberger Meisters besuchte, bevor er sein Probestück verfertigte und darauf vor einem ehrlöblichen Rugsamt zum Meister gesprochen wurde. Der Zunftzwang lastete ja auch auf der Genossenschaft der Maler Nürn-

Preisler. Nagler kehrt zur ersteren Schreibart zurück, ebenso Dlabacz. In amtlichen Aktenstücken findet sich der Name mit ss geschrieben. In den Briefen Tuschers an Preisler ist er mit einem s geschrieben. Johann Daniel P. schreibt seinen Namen mit ss, seine Söhne mit s. Wir haben die letztere Schreibart beibehalten.

Als Hauptquelle über die Familie Preisler dienen die Originalaufzeichnungen, welche zuerst 1778 im „Deutschen Museum" benützt und 1863 von Sturm im „Archiv für die zeichnenden Künste" veröffentlicht wurden. Von fast allen neueren Kunstforschern und den Herausgebern der Kunsthandbücher wurden die Preisler ignoriert. Nur Baader veröffentlichte im 1. Jahrgange der v. Zahn'schen „Jahrbücher für Kunstwissenschaft" einige Mitteilungen über Joh. D. Preisler als Direktor der Malerakademie.

[1] Doppelmayr läfst ihn erst 1662 nach Nürnberg kommen, Füfsli ist derselben Meinung; die übrigen Autoren, welche Daniel Preisler erwähnen, geben das Jahr 1654 als das an, in welchem er auf seiner Wanderschaft nach Nürnberg gekommen sein soll. Beruht die erstere Ansicht auf einem groben Irrtum, so verhält es sich mit der anderen nicht viel besser: man hält eben das Jahr seiner Ankunft in Nürnberg auch für das, in welchem er sich um das Meisterrecht bewarb.

bergs. In einem handschriftlichen Verzeichnisse der Maler, welche ihr Probestück einreichten, findet sich folgende Stelle: „Daniel Preissler d. 25 May 1654 und ist das Probstück gewesen der Cain, wie selbiger seinen Bruder Habel erschlagen in Lebensgröss." Dieses Bild hatte lange Zeit seinen Platz in der Regenten- oder Konferenzstube des Nürnbergischen Rathauses: „über der Thür zum Saale". Später fand es im Landauerbrüderhause seine Aufbewahrung, jetzt befindet es sich im Germanischen Museum zu Nürnberg (1,71 m hoch, 1,25 m breit; Inv. Nr. 299). Im Jahre 1660 malte er die Sendung des heiligen Geistes für die Spitalkirche, 1661 die Himmelfahrt Christi für die St. Margareten-Kirche in Nürnberg — zwei Bilder, welche in damaliger Zeit grofses Aufsehen hervorriefen. Diese wichtigen Aufträge von Seite des Rates hatte er dem glücklichen Umstande zu verdanken, dafs die beiden Flügel der grofsen Orgel in der St. Sebaldskirche mit den Bildnissen der damals zu Nürnberg lebenden Tonkünstler, Scholarchen und Geistlichen, ein Werk aus dem Jahre 1658, den vollen Beifall der Besteller erntete. Ein kleines Gemälde: der Heiland als Kinderfreund, besitzt die k. k. Galerie in Wien, eine Kronbraut von Daniel Preisler befand sich im Ebner'schen Museum in Nürnberg.[1]

---

[1] Von Interesse ist das Urteil Sandrarts über den „Mahler und Contrafäter" Preisler. Er sagt u. a. Folgendes: „Und unangesehen seiner guten naturalien zu der kunst er zu Anfangs seines Studii, sehr gehindert worden auch wegen ermanglender Mittel der Künste Mutter Italien, oder andere Länder (wie sehr ers auch verlangt) nicht besuchen können, so hat er gleichwol in der Kunst eine ziemliche Ehren-Stuffe erreicht. Und ob er wol anfangs bey Christian — — — — — nur zu allerley gemeinen Sachen gebraucht worden und darbey wenig gelernt, so ist doch nachdeme An. 1650 bey dem Friedenschlus-Tage allda alle hohe Potentaten durch unsern von Sandrart in Lebensgrösse, theils zu Pferd, theils anderer Gestalt, nach dero hohe Würden abgecontrafäet worden, und er Preissler diese Art von Mahlen ersehen, Er endlich durch abcopiren des Königs in Schweden, Hertzogens von Amalfi und vieler anderer Potentaten, Contrafäten so weit gekommen, dass er hernach andere und bessere Manier an sich genommen, und also mercklich empor gestiegen, dass er darauf mit seinen schönen und wolgleichenden Contrafäten Hohe und Niedere aufs fleissigste bedient, so, dass er auch bey einigen umligenden Fürsten hierinnen aufzuwarten beruffen worden."

Wenn Doppelmayr sagt, dafs Preisler bei Schiebling „trefflich avancürte", so ist dies wol kaum mehr als eine nichtssagende Phrase.

Ein Brustbild der Justina Katharina Kirchmayr, geb. Imhof (gest. 1686) befindet sich im Germanischen Nationalmuseum. Zwei in Kreide gezeichnete Köpfe von ihm besitzt das k. Kupferstich-Kabinet in München. Joachim und Jacob Sandrart, Hainzelmann, B. und P. Kilian und V. D. Preisler haben etwa zwanzig Bildnisse nach ihm gestochen. Daniel Preisler war zweimal verheiratet: in erster Ehe, 1654, mit der Tochter eines Nürnberger Gewandschneiders, Brandmann[1]), die er indes noch in demselben Jahre durch den Tod verlor. Als Witwer ging er zum Besuche seiner Eltern nach Dresden zurück, wo er zu dem Kurfürsten Christian in freundliche Beziehungen trat. Er verschmähte aber die Gnade, auf kurfürstliche Kosten nach Italien zu reisen, sondern kehrte noch 1655 nach Nürnberg zurück und verehelichte sich mit Magdalena Riednerin, der Tochter des damaligen Rektors zu St. Lorenz in Nürnberg. Aus dieser Ehe entsprossen sieben Kinder, von welchen drei in ihrer Jugend starben. Im Jahre 1662 wurde Preisler als Genannter in den gröfsern Rat gewählt, in welcher Stellung er bis zu seinem am 19. Juni 1665 erfolgten Tode verblieb. Unter den Schülern Preislers sind die Maler Heinrich Popp und Johann Georg Wagner zu nennen. Sandrart beklagt gerührt seinen frühen Heimgang: „so dieses schöne Kunst-Reis, im Anfang seiner Hervorschiessung, wäre gepfleget und letzlich von der unverschonlichen Axt des allgemeinen Lebens-Feindes nicht in seiner besten Blüte abgehauen worden, er zu einen schönen Kunst-Baum würde aufgewachsen seyn. Er ist aber nach recht Christlich und Tugendhafft geführtem Lebens-Lauff, in den himmlischen Paradies-Garten versetzt worden, da inzwischen sein Lob hier auf Erden allezeit grünen wird." So wohlgemeint und tiefgefühlt auch Herr von Sandrart dem toten Freunde diese Worte nachrief — der Name Daniel Preislers grünt und blüht heute nicht mehr. Läfst sich auch nicht in Abrede stellen, dafs Preisler weniger als mancher seiner Zeitgenossen in blinde Nacheiferung der damaligen lebenden Kunst in Rom und Paris

---

[1]) So in den von Sturm veröffentlichten „Originalaufzeichnungen". Andere und gleichzeitige Quellen nennen sie „Brandmeyerin", so auch der Verfasser des Aufsatzes über die Familie Preisler im „Deutschen Museum", dem die Originalaufzeichnungen zugänglich waren.

verfiel und deshalb ein etwas ernsteres Aussehen zur Schau trug — hoch über die Masse vermochte er sich nicht zu erheben.[1]) Erst nach dem Tode Daniel Preislers, am 17. Januar 1666, kam sein Sohn Johann Daniel zur Welt. Sein Taufpate war der Diakon zu St. Egidien, Johann Ludwig Haagedorn. Seine Mutter blieb zehn Jahre Witwe und heiratete dann den obenerwähnten Schüler ihres Mannes, Heinrich Popp. Von diesem seinem Stiefvater genofs Johann Daniel den ersten Unterricht in der Kunst; er starb aber bereits 1682, und der junge Preisler kam auf zwei Jahre zu dem Maler Murrer in die Lehre. Am 25. Juni 1688 reiste er nach Venedig, im folgenden Jahre begab er sich am 26. März nach Rom[2]), wo er seine Fertigkeit und

---

[1]) Es sind uns folgende Porträts von ihm bekannt geworden: a) A. C. MDCXXVII d. IIX. Martii Natus Pragae etc. Unten: So lieb-gestalten Leib etc. Wapp. II. Popp. p. J. A. Böner sculp. 1665. b) H. Popp delin. J. A. Böner sc. 1667. c) Ohne Namen. Unten: Der an Leibs- und Geistes-Schöne etc. H. Popp. delin. J. A. Böner sc. 1667.

[2]) Köstlich ist die Schilderung der Abenteuer, welche dem arglosen Maler auf dieser Reise zustiefsen. Seine Reisegenossen waren anfänglich Italiener — meist fahrendes Volk: Komödianten. Von Bologna hatte man ihm nichts Gutes erzählt — lauter schlimme Leute, Gauner und Betrüger, so sagte man ihm, trieben dort ihr Unwesen. Und wirklich: als er einen Dukaten wechseln lassen wollte, gaben sie ihm nur „halbes Geld" dafür — sein Reisegepäck aber nahmen sie in Beschlag, so dafs er es nur mit schwerem Gelde wieder auslösen konnte. Von Bologna bis Siena reiste er in Gesellschaft zweier Geistlichen. Als diese ihn verlassen hatten, fand er bald wieder andere Reisegefährten — „nicht aber von der Würde als die ersten" setzt er aufklärend hinzu. Der eine war nämlich ein Pollajuolo oder Hühnerhändler, der andere ein Ballenbinder und zu diesen gesellten sich noch ein „milanesischer Pfaff" und ein Schmiedgeselle. Voller Mitleid für den müden deutschen Maler erboten sie sich, ihm sein Gepäck abwechselnd zu tragen. Preisler, gerührt durch diese Güte, nahm das Anerbieten dankend an. Ein Teil der Reisegesellschaft beschleunigte den Marsch — nicht ohne indes das nächste Quartier zu bestimmen. Als aber Preisler mit den übrigen Reisegefährten an dem als Nachtlager in Aussicht genommenen Orte eintraf, war von dem milanesischen Pfaffen, dem Schmiedgesellen und dem Preislerschen Wanderbündel keine Spur zu entdecken. Als Retter in der Not erschien jetzt der besonnene Hühnerhändler. Er verschaffte sich ein Pferd, bewaffnete sich mit dem Degen Preislers und ereilte die Diebe nach kurzem Ritt. Auf diese Weise kam der nicht wenig bestürzte Maler wieder in den Besitz seiner bereits verloren geglaubten Reisetasche. — In Rom scheint Preisler zeitweise in sehr kümmerlichen Verhältnissen gelebt zu haben. Er sagt nämlich: „Mir hat es Gott dem Höchsten zu Dancke die ganze Zeit als ich zu Rom war

Geschicklichkeit möglichst auszubilden suchte. Mit Staunen erzählen die gleichzeitigen Quellen von ihm, dafs er im stande war, ein Gemälde, welches er aufmerksam betrachtete, sich so tief einzuprägen, dafs er zu Hause — Dank seiner ungewöhnlich lebhaften Einbildungskraft — ein Bild auf die Leinwand „zaubern" konnte, das dem Originale vollständig glich. Bei seinem achtjährigen Aufenthalte in Rom fand er reichlich Zeit, seinen Geschmack à la mode auszubilden. Im Jahre 1696 kehrte er in dem Gefolge des Markgrafen von Ansbach durch die Lombardei wieder nach Deutschland zurück und begrüfste am 28. Mai den heimatlichen Boden.

J. D. Preisler war ein entschiedener Gegner des damals noch herrschenden starren Zunftzwanges[1]); die Bemühungen der einzelnen Maler, von diesem Zwange endlich befreit zu werden, wurden aber von seiten des Rates übel vermerkt. In einem „Bericht von der Mahler-Ordnung und wie dieselbe zu einer freien Kunst gemacht worden" ist auch Preislers gedacht: „Denen Mahlern ist in Anno 1696 auf ihr gethanes Suppliciren und Vorstellen: dafs unter ihnen grofse Unordnungen eingerissen und ein jeder sich dieser Nahrung bedienen will, eine gewisse Ordnung mitgetheilet, Lehr- und Gesellenjahre, auch Probstücke gesetzet und zu verschiedenen Zeiten verbefsert worden, welches so lange verblieben, bis ihrer 2, mit Namen Preissler und Kramer, der Lade nichts beitragen, keiner Zusammenkunft beiwohnen, ihre angenommene Jungen nicht einschreiben lassen und kein Probstück verfertigen wollen: Und ob zwar denenselben solches Obrigkeitlich auferlegt worden, so haben sie doch keine Parition geleistet, andere mit denenselben causam communem gemacht und sich in Schriftwechsel eingelassen, womit 10 Jahre lang zugebracht, verschiedene Conferenzien angestellet und endlich die Sache zu Bedenken geschicket, aber nichts darauf decidirt, sondern inzwischen eine

---

an Leibesgesundheit nicht gefehlet, übrigens aber an Leibesunterhaltung gienge es mir eine Zeitlang sehr hart, so dass nothwendig Geld von Hausse haben müssen, und mir offtermalen dass Elend unter die Augen kommen, auch einmal mit der Prob erfahren wie 3tägige Hungers Noth thut."
[1]) Nagler legt irrtümlich dem Vater Daniel P. diese Eigenschaft bei.

Academie-Ordnung aufgerichtet, keine Jungen mehr eingeschrieben, auch kein Probstück verfertiget, die verhandelte sowohl alte als neue Acta aber von den Herren Hochgelehrten in das Löbliche Bauamt geschicket worden, in welchem Stande es bishero verblieben." Wir sind aber glücklicherweise auch in der Lage, aus einem Ratserlaſs vom 20. April 1703 eine Stelle wiedergeben zu können, die den oben berührten obrigkeitlichen „Befehl" enthält und die Strenge, mit welcher den Künstlern manche zunftmäfsige Leistung auferlegt wurde, recht anschaulich charakterisiert: „. . . . Joh. Daniel Preissler soll man die Fertigung des zu liefern habenden Probstück, so auf das Rathhaus gehöret, neben der Bezahlung des der Mahlerkasse zu thun habenden Beitrags, zu welchem ihm 14 Tag anzuberaumen seynd, mit Androhung einer sonst erfolgenden Straf auferlegen. Dem Johann Murrer soll man bedeuten seine Jungen gleich nach der Probezeit, in dem löbl. Rugsamt einschreiben zu lassen, dem vorgedachten Preissler die Annehmung so gar vieler Jungen, deren er jetzt 4 haben soll, darniederlegen."

Und das waren Künstler, oder doch „Virtuosen", mit denen der hohe Rat auf solche Weise verfuhr! Wer noch einen Funken von Künstlerehre in sich trug, wer auf den Künstlernamen Anspruch erheben wollte, mufste nicht nur sehnlichst wünschen, sondern auch mit aller Kraft darauf hinarbeiten, sich von solchen, jeden höheren Flug lähmenden Fesseln zu befreien. Preisler stand in der vordersten Reihe der für die Freiheit der geknechteten Kunst Kämpfenden. Aber erst im Jahre 1713 wurde die Malerei als eine freie Kunst erklärt — erst in diesem Jahre fand der Zunftzwang sein verdientes Ende!

Dem Zwecke, dem hereinbrechenden Verfalle der Kunst einen Damm zu setzen — oder, nach der Meinung Ernst Försters, die unvergleichlichen Errungenschaften einer zum höchsten Gipfel der Vollkommenheit gesteigerten Kunstbildung in möglichst weitem Umfang der lernbegierigen Jugend mitzuteilen — diesem Zwecke sollten offenbar die Maler-Akademien dienen. Wir wollen durchaus nicht die gute Absicht verkennen, welche diesen Versuch wagte — aber daſs diese Schulen zu keiner Besserung der Zustände führen konnten, lag in der Natur der Sache, und wenn durch sie sogar das Übel vermehrt wurde, so war dies nicht zu verwundern: die Talentlosigkeit fand ja bereitwilligste Begünstigung und Unterstützung!

Die Nürnberger Maler-Akademie, die erste in Deutschland, wurde um 1662 gegründet. Joachim Nützel, Mitglied des Rates, war der eigentliche Stifter. Die ersten Direktoren waren der Kupferstecher Jacob von Sandrart und der Baumeister und Maler Elias v. Gödeler. Die Akademie hatte ursprünglich ihren Sitz in Sandrarts Wohnung, später im ehemaligen Barfüfserkloster und zuletzt im Katharinenkloster. Der jeweilige Baumeister der Republik war ihr Protektor, der die Direktoren ernannte. Zu Anfang des 18. Jahrhunderts kam das Institut in Verfall. Der Rat beschlofs durch Dekret vom 20. April 1703 die Wiederaufrichtung der Akademie, zu welcher der Baumeister Christoph Gottlieb Volkamer 1704 eine „Ordnung der Maler-Akademie" entwarf.[1])

Diese Ordnung wurde vom Rate bestätigt und Joh. Daniel Preisler durch Verlafs vom 15. Dezember 1704 als Direktor anerkannt. Durch Erlafs vom 7. März 1707 wurden ihm jährlich 12 Thaler aus den Fonds des Bauamtes bewilligt; weitere Bezüge aus der Staatskasse hatte er nicht. Auf Veranlassung des Heinrich Christoph Hochmann, Freiherrn von Hochenau, stellte er beim Nürnberger Magistrate die Bitte, es möge ihm in Rücksicht auf den Nutzen, welchen eine für die Jugend, sonderlich für die Söhne armer Bürger, errichtete Zeichenschule dem Gemeinwesen brächte, die Errichtung einer solchen gestattet werden. Der Vorschlag Preislers wurde vom Baumeister Christoph Gottlieb Volkamer aufs nachdrücklichste unterstützt. Er warnte aber, „dafs aus ihnen später keine eingebildete Zeichner und hernach Müfsiggänger entstehen". Der Antrag Preislers wurde genehmigt; der Baumeister ernannte ihn 1716 auch zum Direktor dieser mit der Malerakademie vereinten neuen Anstalt. Als Direktor der letzteren bezog er vom Rat jährlich 50, später 75 fl., von den 60 Schülern alle Vierteljahr je 15 kr. und zu Neujahr 20 fl., so dafs sein Gesamtgehalt etwa 155 fl. betrug. Als Direktor der Akademie erhielt er 12 Thaler aus dem Bauamte und die Zinsen eines Legates von 500 fl., das Christoph Gottlieb Schmied

---

[1]) Baader, a. a. O. S. 267.

1718 der Akademie vermacht hatte.¹) Allein mit diesen Summen wäre die Existenz der Anstalt kaum hinreichend gesichert gewesen: erst durch das beträchtliche Vermächtnis des Freiherrn von Hochenau erhielt die Schule eine materielle Unterstützung, die für ihre Lebensfrage von entscheidender Bedeutung war.

Die Lehrthätigkeit Preislers ist — wenn man die Zeitverhältnisse berücksichtigt — eine keineswegs zu unterschätzende: ungefähr 60 Maler genossen seinen Unterricht, 20 vereinigten sich zu einem engeren Kreise, den man nicht übel als die „Schule Preislers" bezeichnen könnte.

Nicht sehr bedeutend ist Joh. D. Preisler als Maler: die Zeitgenossen priesen allerdings seine „historischen Stücke", seine verschiedenen „Platfonds" und Altartafeln — indes verleugnet er in keinem seiner Bilder, dafs er ein echtes Kind seiner Zeit war und auch auf dem Wege des Virtuosentums das Heil der Kunst suchte. Mit köstlicher Naivetät bezeichnet schon Sandrart die stattliche Gruppe der Maler dieser Zeit als die der „Virtuosen", und in einem Gutachten über die Nürnberger Malerverhältnisse vom Jahre 1706 werden die „vorzüglicheren" der Maler zum Unterschiede von den „Stümplern, Schmierern und Sudelern" als „Virtuosi" aufgeführt. Dieser damalige Ehrentitel eines begabteren Meisters vermag heute die ganze Richtung, das Streben und Endziel der Künstler jener Tage treffend zu charakterisieren. Wehe dem, der damals gewagt hätte, die breite Heerstrafse des Virtuosentums zu verlassen!

Ein freilich in sehr beschädigtem Zustande befindliches Bild Johann Daniel Preislers bewahrt die städtische Gemäldegalerie in Bamberg. Auf diesem im Geschmacke seines Lehrmeisters Johann Murrer gemalten Bilde, dessen Auffassung und Ausführung an die Manier des Luca Giordano erinnert, sehen wir einen nackten Silen mit einem Kranze von Reben auf dem Haupte, an einen Fels gelehnt, nachlässig hingestreckt. Die linke Hand liegt auf dem Leibe; das rechte Bein ist im Kniegelenk erhoben, während der linke Fufs leicht auf dem rechten ruht. Vorne links ist eine umgestürzte Urne — ihr Inhalt, ein

---

¹) Baader, a. a. O. S. 267.

Büschel Weintrauben, ist herausgefallen. Den Hintergrund bildete eine italienische Landschaft; jetzt ist er von anderer Hand roh übermalt. Das Bildchen ist durchaus keine hervorragende Leistung, aber doch namentlich in der Zeichnung von grofser Sicherheit. Vier in Öl auf Pergament gemalte Porträts von Joh. Dan. Preisler befinden sich im Nürnberger Bankoherrenbuch, das im Handelsmuseum des Germanischen Nationalmuseums in Nürnberg aufbewahrt wird. Die Bildnisse Preislers sind aufserdem noch sehr zahlreich erhalten, und wir wollen betonen, dafs namentlich diese Porträts den geschickten Maler nicht verkennen lassen, nur darf man keine Eigentümlichkeit in der Auffassung und Komposition verlangen — Eigenschaften, die zwar dem Kunstwerk einen besonderen Reiz verleihen, die in der Blütezeit des Virtuosentums indes durchaus keiner Beachtung gewürdigt wurden.

J. D. Preisler hat eine Reihe von biblischen Darstellungen aus dem alten und neuen Testamente gezeichnet, welche teils Philipp Andreas Kilian und J. M. Preisler unter der Aufsicht G. M. Preislers, teils G. D. Heumann in Kupfer stachen. Auch J. W. Windter, Ph. Kilian, J. B. Probst, B. Vogel u. a. haben nach der Erfindung J. D. Preislers Kupferstiche verfertigt.

Auch als Schriftsteller hat sich J. D. Preisler versucht; er liefs zum Nutzen und Frommen seiner Schüler einige Werke im Druck erscheinen.[1] Am bekanntesten ist wol das auch für die Akademie zu Petersburg ins Russische übersetzte dreiteilige Werk geworden, welches den Titel führt: „Die durch Theorie erfundene Practic oder gründlich-verfafste Regeln deren man sich als einer Anleitung zu berühmter Künstlere Zeichen-Werken bestens bedienen kann."[2] Bezeichnend sowol

---

[1] L'anatomia del Sign. Carlo Cesio, d. i. deutliche Anweisung zur Anatomie, so viel einem Anfänger zu wissen nöthig. (Für Maler und Bildhauer aus dem Italiänischen übersetzt.) 1706. — Gründliche Anleitung, welcher man sich in Nachzeichnung schöner Landschaften und Prospekten bedienen kan, eigenhändig in Kupfer gebracht. Nürnberg 1740. — Orthographia. Io. Dan. Preisler Inu. et delin. Joh. Crph. Weigel excudit. — Gründliche Anweisung zum richtigen Entwerffen und Auszeichnen der Blumen nach dem Leben. — Anleitung zu Laub und Grotesquen Blumen-Rissen.

[2] Joh. Justin Preisler hat dieses Werk 1763 mit dem vierten Teile vermehrt. Ferner ist uns diese Ausgabe bekannt: Joh. Dan. Preislers theoretisch

für die künstlerische Bildung des Herausgebers, als auch für seine Kunstlehre ist die Thatsache, dafs er am Schlusse des 3. Teiles seines Werkes empfiehlt, sich nicht mit einer Nachzeichnung der von ihm in dieser Anleitung vorgelegten Figuren zu begnügen, „sondern dafs man sie auch weiters bey verschiedener Virtuosen heraus gegebenen Zeichnungen applicire, unter welchen ich von denen ältern zum Muster vorstelle einen Raphael, Caracci, Lanfranco, Quid. Reni, Domenichino, Poussin, von den neuern aber einen Perrier, Maratti, Petr. Berrettini, le Brun, und unsers berühmten Schusters Academien." In der That, eine Zusammenstellung, wie sie nicht besser, nicht köstlicher und belehrender in einer Zeit hätte gegeben werden können, in welcher die deutsche Kunst ein Bild traurigster Armseligkeit und Verödung bot, in welcher der deutsche Kunstbetrieb sich mehr denn je an die Ferse französischer und italienischer Meister heftete! Wie leicht scheint man aber von den tiefsinnigen Werken der Vergangenheit zu den geistlosen, prunkhaften Leistungen der Lebenden übergegangen zu sein: wie tief mufste also damals der deutsche Geschmack in Verirrungen gefallen sein, wenn einer der berufenen Vertreter der Kunst in einem Atemzuge die göttlichen Werke eines Rafael und die an Gefühllosigkeiten und Widersinnigkeiten reichen Produkte des italienischen Manierismus und des nichtssagenden, theatralischen Pathos der Franzosen empfehlen konnte!

Preislers letzte künstlerische Arbeit war den Tabellen zu

praktischer Unterricht im Zeichnen. Fünf Teile. Mit Kupfern. Neue verb. Aufl. Nürnberg bei Preislers Erben. 1797—1800. Zu erwähnen ist auch: Gründliche Zeichnungskunst nach Originalzeichnungen von Johann Daniel und Johann Martin Preisler und Johann Martin Ihle. In eilf Heften und 72 Kupfertafeln. 1803. Preislers gesamtes Werk umfafst 143 Platten auf 118 Tafeln. Einige davon, wie die 60 leichtradierten Studien, sind nie in den Kunsthandel gekommen. Am gesuchtesten waren die in 21 Blättern ausgeführten Studien nach Antiken, welche noch später zu den besten Abbildungen in dieser Art gerechnet wurden. Im Buchhandel fast vergriffen, teilweise in verschiedenem Verlage zerstreut, tauchte das Werk Preislers nur noch in Auktionen auf und wurde meist zu ziemlich hohem Preise angekauft. Die Joh. Ad. Stein'sche Buchhandlung in Nürnberg begann 1831 das von ihr komplett zusammengebrachte Preislersche Werk auf Subskription herauszugeben; diese neue Ausgabe besorgte P. C. Geifsler in Nürnberg.

Scheuchzers Physica Sacra, welche bei Pfeffel in Augsburg erschien, gewidmet: von ihm stammen nämlich die Ziereinfassungen. — Wenden wir uns dem Menschen Preisler zu, so tritt uns ein schlichter, gottesfürchtiger Mann entgegen, der nicht nur als Künstler geschätzt wurde, sondern auch das Vertrauen seiner Mitbürger genofs. Vom Jahre 1715 bis zu seinem Tode safs er als Genannter im gröfseren Rate. Sein ehrlicher, rechtlicher Charakter offenbarte sich in vielen Angelegenheiten, die dem Wohle seiner Vaterstadt nahegingen. Und bezeichnend für seine Gesinnung dürfen wir wol die Worte nennen, welche er mit fester Hand in das Stammbuch eines Nürnberger Patriziers geschrieben hat:

„Wer durch die Weifsheit sich den Tugend-Weg läst leiten,
Der wird gewiefslich auch vor allen Böfses meiden.

Dieses wenige wollte dem Herrn Besizer dieses Buchs zum stettswehrentem Andencken mit einverleibt haben

Nürnberg, d. 14. Febr.
A. 1717.
Joh. Dan. Preissler."

Am 17. Januar 1698 hatte er sich mit Anna Felicitas, der Tochter des M. Johann Ulrich Riedner, Diakonats-Seniors bei St. Jacob verheiratet. Aus dieser Ehe entsprossen acht Söhne und drei Töchter. Joh. Daniel Preisler[1]) starb am 13. Oktober 1737 und 1743 folgte ihm seine Gattin in die Ewigkeit nach.

Der älteste Sohn war Johann Justin, der am 4. Dezember 1698 geboren wurde. Sein Pate war der Kaufmann Joh. Just. Walther. Sein Vater unterrichtete ihn schon frühzeitig im Zeichnen und Malen[2]) und führte ihn in den Kreis seiner Schüler ein, unter welchen er sich viele Freunde erwarb. Der spätere Feldzeugmeister der Generalstaaten, Creuzenach, nahm ihn als seinen Reisebegleiter am 3. Februar 1724 mit nach Venedig. Infolge der Empfehlungen, welche J. J. Preisler von diesem erhalten hatte, fand er überall freien Zutritt, wo sein wifsbegieriger Geist Nahrung zu finden hoffte. Namentlich Tizian, Paul Veronese und Tintoretto zogen den begeisterten Jünger der Kunst mächtig an. Und auch der Zutritt zu den

---
[1]) Sein Porträt: J. M. Schuster pinx. J. G. Pintz sculp. fol. Schwarzkunst.
[2]) Nach eigenem Zugeständnis erlangte er bald im Kopieren eine be-

im herzoglichen Palast im Consiglio grande aufbewahrten Meisterwerken stand ihm offen. In der Akademie zu Venedig lernte er bei Piazetta viele namhafte Künstler kennen.¹) Nach Ablauf eines Jahres ging Creuzenach nach Rom. Preisler blieb aber noch ein halbes Jahr in Venedig und wurde mit dem polnischen Gesandten Grafen von Watzdorf bekannt, mit dem er nach Florenz reiste.²) Hier fand er Gelegenheit, die Galerie des Grofsherzogs zu besuchen und vieles nach „antikem Geschmack" zu zeichnen. Die Gunst des Grofsherzogs³) gestattete ihm auch, in dessen Residenz, dem Palazzo de Pitti, „die schöne Madonna della sedia genannt" nach „Raphael anderer manier" und ein Porträt nach van Dyck zu kopieren. Sodann ging Preisler nach Rom (1727). Hier trat er schon nach kurzer Zeit zu dem Baron Stosch⁴) in nähere Beziehungen.

deutende Fertigkeit, „wozu auch gute Gelegenheit machte, dafs Herr Schuster aus lauter Gefälligkeit mir einen Platz einraumte, dan v. wan bey Ihme zu copieren bis ich es so weit brachte dafs nach meines Vatters inventionen so er mir vorzeichnete ein Zimmer von zwölf Stucken verfertigen mufste, dazwischen dann auch immer ein Portrait zu machen hatte, um mich in mehreren Dingen zu üben, gleichwie auch in d. Arch. v. Perspectiv".

¹) J. J. Preisler sagt darüber: „Piazzetta so meiner Zeit für den besten Mahler gehalten worden, war es bey welchem Academia besuchte und zwar alle Tage, Sonntags ausgenommen".

²) Preisler sagt wörtlich: „Es stund aber nicht lange an als Hr Graf von Watzdorf über Venedig nach Florenz als Inviato seiner Kö. M. v. Pohl. v. Churfürst zu Sachsen giengen das derselbe Hrn. Secretario Nadler der ebenfalls in meinen Hause logierte v. als ein grofser Kenner der antiquiteta in ganz Venedig durchgehends bekannt war v. deme ein ganzes Buchvoll seiner zusam gesamelten Urne 1½ Schuh hoch, fast eben so viel Patenen mit Schrifften v. caracteren von einer bereits verloschenen Sprache Völkerschaft nachgezeichnet. Diese zeichte Hr. Secretario gedachten Herrn Graffen, der wollte mich aber selbsten sehen. Er als ein gelehrter Hr in litteris sowohl als antiquitet gab mir einige antiquiteten vor, Ihme solche nachzuzeichnen. Nachdeme ich Hrn Grafen überreichte waren Sie darüber vergnügt v. must mich encagieren, wan ich meine Reise nach Rom fortsetzte v. über Florentz ginge, so könnte meinen Aufenthalt so lange ich wollte, bei Ihme haben".

³) Das „Gnadengeld" des Grofsherzogs schlug Preisler indes aus. Er wollte nicht zu den „Ruspanten" zählen; so wurden nämlich verächtlich jene genannt, welche die wöchentliche Unterstützung des Grofsherzogs genossen und ein lüderliches Leben führten.

⁴) Über Stosch hat Karl Justi die wertvollsten Mitteilungen gesammelt. Ihm verdanken wir die erste gründliche Würdigung der Verdienste des berühmten

Wir dürfen nicht annehmen, dafs Preisler die Bekanntschaft dieses berühmten Sammlers suchte: ein reiner Zufall führte ihn in das Haus des ob seiner Kennerschaft bekannten Mannes. Preisler erfuhr erst, als er auf der Treppe des Hauses stand, den Namen des mächtigen Freundes der Kunst, zu dem ihn ein Bekannter führen wollte. Jetzt aber, als er den Namen des durch jenen viel gerühmten Sammlers vernahm, überfiel ihn ein jäher Schrecken, denn vor eben jenem Philipp von Stosch hatte ihn ein sehr vornehmer Deutscher eindringlichst gewarnt. Diese Thatsache dürfen wir als einen nicht unwesentlichen Beitrag zur Charakteristik des Ansehens betrachten, welches Stosch in jener Zeit in vornehmen deutschen Kreisen genofs. Vor dem Manne, von dem Winkelmann sagt: „mich verlanget, sein Angesicht zu sehen, wie ich irgend etwas in der Welt wünsche", — vor dem Manne, mit dem Fürsten und die gröfsten Gelehrten intimen Verkehr pflogen und für dessen Wissen und archäologisch-hermeneutische Befähigung der vollgültigste Beweis vorlag — vor diesem Manne hatte man den jungen Preisler väterlich gewarnt. Wenn Justi in seinem vortrefflichen Aufsatze über Stosch und seine Zeit sagt: „Wer damals einen gewissen Kreis der auf den Höhen der Gesellschaft geschätzten Bildungselemente beherrschte, war so zu sagen Weltbürger, fand sich in allen Ländern zu Hause, hatte bei den höchsten Klassen Zutritt, genofs Ansehen ohne etwas zu sein, lebte als grofser Herr ohne Vermögen, ohne Gehalt und Geschäft" — so werden wir ihm kaum widersprechen können. Aber schwerlich werden wir diese sonst so treffende Charakteristik in ihrem vollen Umfange auf damalige deutsche Verhältnisse in Anwendung bringen dürfen. In Deutschland wäre für manche jener abenteuerlichen Persönlichkeiten, wie sie in Italien so glücklich

---

Sammlers. 1871 gab Justi (die nicht im Buchhandel erschienenen) „Antiquarische Briefe des Baron Philipp von Stosch" mit Erläuterungen heraus. 1872 erschien in Lützows „Zeitschrift für bildende Kunst" ein mit grofsem Fleifse bearbeiteter Aufsatz über „Philipp von Stosch und seine Zeit", der ebenfalls Justi zum Verfasser hat. Diese Arbeit vermeidet es indes, auf die deutschen Maler, welche im Dienste Stosch' standen, näher einzugehen. Zusammenfassende Mitteilungen über Stosch und seine Sammlung hat Justi endlich in seinem verdienstvollen Werke über „Winkelmann" (Leipzig 1872) gegeben.

gediehen, gewifs kein Boden gewesen, welcher sich der Entfaltung ihres extravaganten Talentes sonderlich günstig gezeigt hätte. Die Gründe aber, weshalb man Preisler jene Warnung mit auf den Weg gegeben, liegen nicht tief verborgen. Einem Deutschen, der sich selbst nicht in das „Dunkel der Antiquitäten" vergraben, der vielleicht sogar den Degen besser denn die Feder zu führen verstand, mufste unter allen Umständen das Leben und Treiben des Herrn von Stosch als ein abenteuerliches erscheinen; der Grundzug seines Wesens, der sich in hochfahrenden, prahlerischen Reden äufserte, mufste notwendigerweise auf eine Schwindler-Natur hinweisen, die nur des Augenblickes harrt, der ihr die Larve von dem Antlitz reifst. Und dafs eine solche Persönlichkeit mit weitem Gewissen und unsauberen Händen nicht davor zurückbeben würde, in selbstsüchtiger Weise das Talent eines jungen, unerfahrenen Künstlers auszubeuten, das war jenem warnenden Deutschen klar. Dazu kam aber auch noch, dafs Stosch durch verwegene Reden den Ruf eines Atheisten erlangt hatte und trotzdem am päpstlichen Hofe mit erstaunlichem Geschick eine so hervorragende Stellung zu behaupten wufste. Schlimm genug war jedenfalls die Meinung jenes vornehmen Deutschen über Herrn von Stosch, und wenn ein Umstand zur Befestigung und Bekräftigung derselben beigetragen haben kann, so mag es wol der gewesen sein, dafs von Stosch es liebte, sich in Geheimnis zu hüllen. Möglich, dafs die Avanturen des galanten Hofmannes, des verschmitzten Diplomaten und politischen Agenten, des erfahrenen Sammlers reichlich Grund hatten, das grelle Licht des Tages sorgsam zu meiden — die Zeitgenossen wissen nur von seinen Besitztümern zu erzählen: fast nie äufsern sie sich über den Besitzer. Und deshalb mufs uns jene Andeutung der Schätzung des berühmten Mannes, so ungerechtfertigt sie auch ist, so sehr ihr auch die Denkungsart des Philisters anhaftet, willkommen sein; denn alle nennen ihn, und niemand vermag über ihn als Menschen Aufschlufs zu geben.

 Die ängstlichen Gefühle, welche Preisler beschlichen, als er vor dem Manne stand, den er meiden wollte, müssen von der herzgewinnenden Liebenswürdigkeit des Herrn von Stosch augenblicklich überwunden worden sein. Preisler wurde eingeladen, reich beschenkt und fuhr mit Stosch zur Besichtigung einer Antiquitäten bergenden Villa aus: „Dieser Modus", sagt Preisler, seine ökonomischen Verhältnisse in Erwägung ziehend, „gefiel mir, weiln dadurch viele Spesen erspahrte und dabei doch alles was schön oder rar war ohne sonderliche Mühe zu sehen bekam". Offenbar fand auch Stosch an dem jungen Maler sein Wohlgefallen. Er übertrug es indes seinem Bruder, dem Arzte, Heinrich Siegmund, sich bei Preisler zu erkundigen, ob er gesonnen wäre, ihm seine Kraft zu widmen. Preisler konnte, obwol er sich der Warnung noch recht wol erinnerte, dieser Anfrage keine ablehnende Antwort zu teil werden lassen. Mit Zustimmung seiner Eltern trat er nun in die Dienste des Herrn von Stosch. Vorher aber reiste er mit dem Architekten, dem nachmaligen nürnbergischen Baumeister, Christoph Andreas von Imhof, nach Neapel.

Stosch galt in Rom, seitdem er einen eleganten Folioband mit signierten Gemmen herausgegeben, als eine Autorität ersten Ranges: „sein Ausspruch über Altertümer" ward, wie Keyfsler sagt, „selten vorbeigegangen" — er war ein Orakel für Sammler; denn keinem Lebenden stand eine gröfsere Erfahrung zur Seite, als ihm. Gerade jetzt war die Notwendigkeit wieder an ihn herangetreten, einen Kreis von Künstlern um sich zu sammeln, und niemand konnte ihm erwünschter kommen, als der junge deutsche Maler.

Preisler nahm, um zu jeder Stunde zu Diensten seines Gönners sein zu können, seine Wohnung im Hause Stosch. Dieser ging mit dem Plane um, einen zweiten Teil der „Gemmae antiquae" herauszugeben und betrieb planmäfsig die Herstellung eines vollständigen Apparats für verschiedene Zweige der Altertumskunde. Wie bei dem 1724 erschienenen Prachtwerke der Maler Ghezzi als artistischer Beirat zur Vollkommenheit des Werkes beitrug und der Kavaliere Johann Hieronymus Odam die Zeichnungen ins Grofse lieferte, die Picart in Kupfer stach — so sollten sich auch jetzt angesehene Künstler unter seiner Leitung wieder vereinigen, um „ohne Eifersucht" das Gelingen der Weiterführung seines Planes zu ermöglichen. Preisler wurde in mannigfacher Weise beschäftigt; vor allem erhielt er eine stattliche Reihe antiker Gemmen zu zeichnen.

Den ersten zur Zufriedenheit des Herrn von Stosch ausgefallenen Versuch wagte er mit einem in Gold gefaßten Carneol: Perseus und Andromeda. Das Zeichnen der antiken Steine bildete indes nur einen Teil der Beschäftigung Preislers; Stosch ließ fortwährend kopieren, was in Rom aus dem Schutte auftauchte oder was in den weiten Palästen verborgen war. Auch die Arbeiten zu dem großen geographisch-topographischen Atlas, neben der Gemmensammlung Stosch' bedeutendstes Lebenswerk, waren Preisler übertragen. Doch beanspruchte Stosch nicht die ganze Kraft Preislers für seine Zwecke; es blieb ihm immer noch genug Zeit für seine eigenen Studien übrig. So konnte er die Akademien besuchen, und es bot sich ihm Gelegenheit dar, durch das Studium der Meisterwerke der alten Kunst seine Bildung zu vervollkommnen.

In der Akademie lernte Preisler eine Reihe junger Künstler kennen. Der, zu dem er sich aber am meisten hingezogen fühlte, war Edmé Bouchardon, der spätere Schildhalter des Ruhmes französischer Skulptur. Preisler hielt ihn „unstreitig für den besten". Bouchardon war, nachdem er sich den ersten Preis der Pariser Akademie errungen hatte, als königlicher Pensionär nach Rom gegangen, wo er die schönsten Überreste der griechischen und römischen Architektur und Plastik zeichnete. Es gelang ihm auch, den Papst Clemens XII. im Brustbilde darzustellen. Für seinen König kopierte er den berühmten barberinischen Faun. Einen Beweis der Freundschaft und Achtung, die er für Stosch hegte, besitzen wir in der Marmor-Büste, in welcher er die Züge des berühmten Kenners der Antike verewigte.

Offenbar fand er auch Geschmack an der Arbeit, welcher Preisler sich mit vielem Eifer hingegeben hatte, — denn zu Mariette's Werk lieferte kein anderer als Bouchardon die Zeichnungen; er habe sich, versichert der Herausgeber, mit den reizenden Schönheiten des alten Griechenlands ganz erfüllt; hier würden sie uns recht fühlbar; ja einige Gemmen von guter Erfindung, aber schwacher Ausführung hätten unter Bouchardons Ausführung gewonnen.[1])

Dieses Urteil hat heute allerdings einer ganz anderen

---
[1]) Justi, Winkelmann I. S. 368.

Meinung weichen müssen, und Chabouillet sagt in seinem „Catalogue général des camées de la bibliothèque imp. (1858) p. 314: „Il n'y a dans ce livre ni pierres antiques, ni pierres modernes, il n'y a que de Bouchardon, et c'était un terrible et singulier interprète de l'antique que Bouchardon!" Der Verkehr zwischen Preisler und Bouchardon scheint ein sehr herzlicher gewesen zu sein. „Ich bekam nach und nach", sagt Preisler, „so viele Proben seiner Freundschaft durch Mitteilung der Abzüge von seinen Zeichnungen zusammen, die mir bis an mein Ende mein liebstes seyn werden". Bouchardon wäre auch leicht geneigt gewesen, ihm die schönsten seiner Zeichnungen zu überlassen — wenn nicht „einigen derer vornehmsten Romanern das Maul so sehr darnach gewässert, Antheil daran zu nehmen, um seine wundernswürdige Manier in Zeichnen aufweissen zu können". So mufste sich eben Preisler mit jenen in den Besitz der vielumworbenen Zeichnungen teilen, aber er versprach seinem Freunde, dafs er, wenn er einst in Nürnberg wenig zu malen hätte, zum Grabstichel und zur Radiernadel greifen würde, um jene Zeichnungen zum Gemeingut aller zu machen; er wollte damit „der Welt etwas nützliches durch seine correcte contours wie man nüzlich nach antiquen zeichnen sollte bloss zu seinem (Bouchardons) Ruhme eddieren". Und dafs Preisler sein Wort treulich gehalten, werden wir später sehen.

Der Verkehr mit Herrn von Stosch, der Aufenthalt in seinem Hause, gestaltete sich mit jedem Tage anregender und interessanter. Auf allen kleineren und gröfseren Entdeckungs- und Forschungsreisen war fortan Preisler sein Begleiter. Die Lords aber, welche Stosch besuchten, nahmen auch meist von seinem fleifsigen Zeichner Kenntnis, und so kam es denn, dafs manche seiner Kopien in die Hände jener Engländer wanderte, die sich die Gunst und Gewogenheit des bedeutenden Mannes durch eine derartige Aufmunterung seines jungen Freundes zu erringen suchten. Später erhielt Preisler von Stosch den Auftrag, für seinen treuen Freund, den bekannten niederländischen Staatsmann, den Greffier Franz Fagel[1]), jene Szene zu malen,

---

[1]) Der Herausgeber der Preislerschen Aufzeichnungen läfst „Greffier

wie Achilles, unter den Töchtern des Königs Lykomedes in Frauenkleidern verborgen, durch die List des Odysseus entdeckt wird.

Und so verstrichen denn fünf Jahre emsigster Thätigkeit. Da nahm der Aufenthalt des Herrn von Stosch in Rom ein plötzliches Ende infolge eines bis jetzt noch nicht genügend aufgeklärten Vorfalles, von dem sich die genaueste Erzählung in den Relationen des Grafen Wackerbarth an August den Starken findet. Preisler erwähnt ihn nur kurz: „Biss Ihme durch einen fatalen Streich der Statspolitik angerathen worten sich von Rom zu entfernen v. zwar in Zeit von 3 Wochen da er mit al dem Seinigen sich nach Florenz retteriret".

Gerade jetzt war aber auch Preisler von den Seinigen dringend gebeten worden, in die Heimat zurückzukehren: sein alter Vater bedürfe seiner. Er blieb nur noch kurze Zeit in Rom und reiste dann über Florenz, wo er von Stosch Abschied nahm, nach Deutschland zurück. Nach achtjähriger Abwesenheit von zu Hause traf er am 30. August 1731 wieder in Nürnberg ein.

Wir haben bereits angedeutet, wie spärlich die Nachrichten erhalten sind, welche uns über das Leben des Herrn von Stosch unterrichten. Um so willkommener mufs uns alles sein, was von seiner Hand Schriftliches übrig geblieben ist. Stosch unterhielt im Interesse seiner Sammlungen einen ausgedehnten Briefwechsel. Teils sein Ruf als einer der ersten Antiquare seiner Zeit, teils der in solcher Vollständigkeit nirgends vorhandene Denkmälerapparat, den er in seinem Museum besafs, lassen es auch begreiflich erscheinen, wenn er fortwährend von Gelehrten und Liebhabern um Ratschläge, Gutachten über Wert, Echtheit, Deutung von Münzen, Gemmen und Anticaglien aller Art angegangen wurde. Justi ist mit Recht der Meinung, dafs eine Sammlung seiner Briefe ein deutliches Bild von der Stellung geben würde, die unser Landsmann über ein Menschenalter lang in der italienischen Gelehrtenrepublik behauptete. Die Briefe des Herrn von Stosch scheinen aber äufserst selten zu sein. Justi gelang es nur, achtzehn Briefe von ihm in zahlreichen öffentlichen und privaten Bibliotheken

---

Fagel" drucken. Über Fagel siehe Justi, Stosch (Lützows Zeitschrift für bildende Kunst) 1872. S. 296.

meist Italiens aufzufinden und es waren die ersten, welche von ihm publiziert worden sind. Wir sind in der Lage, einen weiteren Brief des Baron Stosch an J. J. Preisler „Peintre tres renommé a Rome in strado della croce dal Peruquiere Tedesco" veröffentlichen zu können, der sehr wol geeignet ist, das intime freundschaftliche Verhältnis der beiden zu einander in einem nicht uninteressanten Lichte erscheinen zu lassen.[1]) Er lautet:

a Florence le 29 de May 1731.

Monsieur mon tres cher Ami!

Jai non seulement reçu la votre chere lettre du 7. Avril, mais encor le pacquet que le Docteur Cassignol a apporté de votre part avec les desseins de M. Marcus et les medailles et la petite boitte de souffres et pales que j'avois laissé a Rome je vous suis tres obligé de la peine que vous vous été pris, vous m'ecrivez dans votre lettre que je vous ai fai rire et peutetre vous riez encor parceque je vous ai ecrit dans ma derniere lettre que je pense pour l'augmentation de votre collection des souffres pour vous dont montrer que ce que je dis est vrai je vous envoye ici une petite liste des souffres que j'ai pour vous et qui vous manquent dans votre suite des Empereurs et dont nous avons fait acquisition il ne manque autre chose qu'une occasion de vous les envoyer a Rome, suffit que vous m'ecrivez comment je dois faire, je n'ai fait cette petite note n'ayant pas le temp pour faire la liste pour les autres suites dont il y en a des tres beau souffres mais qui ne sont pas ancor en ordre, entre ceux il y en a beaucoup que vous sont absolument necessaires par rapport des portrait des Empereurs et Emperatrices que vous aurez bien la peine de trouver dans les autres endroit, qu'ici en Italie, nous allons voir tout ce qu'il y a voir ici, et j'espere d'avoir bientot le plaisir de vous embrasser ici a votre passage, faite moi le plaisir de m'ecrire quand vous partez de Rome, en ce cas que vous passez ici je vous prie de porter les airs que l'Abbé m'a promis. Si non je vous prie de les envoyer par il Procaccio, Ms Fetterle vous salue et vous attant avec impazienze, il m'a dit qu'il y a bien de temp qu'il n'a reçu aucune lettre de vous, au reste je vous assure que je m'ennue terriblement et je voudrois d'etre bientot hor de cette ville ou je trouve rien qui me plait, parmi le femmes et le Fanciulle comme on les appelle ici se trouvent bien quelques jolie mais pour vous dire le vrai je n'ai pas encor trouvé aucune qui m'a frappé et je vous assure si j'ai frequenté quelques unes c'estoit plutot par ordre de Médecin, et pour ne pas oublier la chose tout a fait, je vous envie Votre bonne fortune que vous avez d'etre si proche della Vostra cara M. Angela, que vous fera passer e temp a cet heur bien aggreablement, je vous prie de saluer Ms

---

[1]) Die Schreibweise der Briefe ist vollständig beibehalten.

Marcus e en meme temp de le resouvenir ce qu'il m'a promis de faire pour moi, je ne peus pas me risquer de Vous prier la meme chose par la raison que vous etes si occupé, mais quid differtur non aufertur et je me flatte que vous ne refuserez pas d'avoir quelque chose de votre main je ne vous prescrit ni le sujet ni le temp vous ferez tout ce qu'il vous plaira et quant vous aurez quelque loisir, Souvenez vous quelque fois a celui et qui sera toujour

Monsieur
Votre tres obeissant serviteur

P. S. Mon Frere vous fait ses compliment   Ph. de Stosch.
comme ancor a Ms Marcus. Christian[1])
grüsset alle gute Freunde.

Der Brief ist — wie natürlich — mit einem antiken Steine gesiegelt, der eine griechische Frauenbüste trägt. Wir haben in diesem Briefe, dessen pikant angehauchter Ton eigentümlich von jenem der übrigen veröffentlichten absticht, einen nur zu beredten Zeugen für die vertrauten Beziehungen, welche zwischen Stosch und seinem Günstling herrschten. Die Jahre, welche Preisler im Hause des Herrn von Stosch verlebte, erbrachten übrigens gewifs den vollgültigsten Beweis dafür, dafs die erwähnte „Warnung" nicht im geringsten gerechtfertigt, also vollkommen überflüssig war. Aber dennoch dürfen wir die Frage erörtern, ob sich Preisler im Hause Stosch' wirklich glücklich und zufrieden fühlte. In seinen Aufzeichnungen findet sich kein Wort der Reue über jenen bindenden Vertrag, den er mit Stosch geschlossen, keine Silbe weifst darauf hin, dafs sich seiner mit der Zeit eine gewisse Unzufriedenheit bemächtigte — nirgends findet sich die leiseste Andeutung des Überdrusses an der ihm hauptsächlich obliegenden Beschäftigung — an dem Gemmenzeichnen.

Eine Stelle aber läfst keinen Zweifel darüber aufkommen, dafs Preisler trotz aller Begünstigungen von Seite des Herrn von Stosch gezwungen war, auch noch an anderweitigen Verdienst zu denken. In den Worten „theils muste ich trachten wie ich Geld überkommen möchte, weiln ohne dieses in Rom

---

[1]) Der bekannte Christian Dehn, der im Hause Stosch' wohnte und bei der Verfertigung der Glaspasten behilflich war. Später betrieb er in Rom einen Kunsthandel mit ausgewählten Schwefelabdrücken. Vergl. Descrizione istorica del museo di Cristiano Denh (!) per l'abate Fr. M. Dolce, Roma 1772.

schwehrlich fortzukommen" ruht zweifelsohne der Beweis dafür, dafs das Leben Preislers doch nicht so ganz sorgenfrei gewesen ist. Wenn aber Markus Tuscher in seinem Schreiben an den Vater Preislers¹) 1728 von „kläglichen Briefen" spricht, die der Sohn über Herrn von Stosch in die Heimat gesendet, wenn er ferner den Mäcen Stosch in seiner ganzen grausamen Einseitigkeit darstellt, und das Heimweh des jungen Preisler, die Sehnsucht nach seinem geliebten Vaterlande, möglichst drastisch schildert — so müssen uns doch einige Bedenken ob der unbedingten Zuverlässigkeit dieser Mitteilungen aufstofsen.

Vor allem wird indes jeder Unbefangene zugestehen müssen, dafs Stosch in gewisser Hinsicht allerdings eine „Ausbeutung" der künstlerischen Kraft der jungen Maler nicht ferne gelegen ist — eine „Ausbeutung", zu der vielleicht sogar der Lohn in gar keinem Verhältnisse stand. Allein die Klagen Preislers über Herrn von Stosch scheinen aus ganz anderen Motiven entsprungen zu sein.

Nehmen wir auch nicht an, dafs Künstlerneid jene Klagen Tuscher gegenüber fingirte, um diesen von einer Annäherung an Stosch möglichst abzuschrecken — so viel ist gewifs: eine Art Rivalität mufste entstehen, als auch Tuscher seine Kraft Herrn von Stosch zur Verfügung stellte. Jene Andeutungen über die Unzufriedenheit des jungen Preisler mit Stosch stammen aus dem Jahre 1728 — auffallenderweise verläfst aber Preisler seinen Gönner bis zu dem Augenblicke nicht, der diesen nach Florenz entführt. Und dann wollte Preisler mit Tuscher gemeinsam nach Deutschland zurückreisen — allein Tuscher blieb wider alles Erwarten seines Landsmannes bei Herrn von Stosch in Florenz, bei dem nämlichen Stosch, dessen Mäcenatentum einige Jahre vorher eine so eigentümliche Schilderung erfahren hatte. An die Stelle Johann Justin Preislers trat also jetzt Markus Tuscher.

Markus Tuscher²) wurde am 1. Juni 1705 bei St. Sebald in Nürnberg getauft. Über den Tag seiner Geburt findet sich

---

¹) Siehe S. 30.
²) Von einer eigentlichen Litteratur über Tuscher kann nicht die Rede sein. Ein handschriftlicher Aufsatz über ihn rührt von J. J. Preisler her und sucht, übrigens nichts weniger als erschöpfend, sein Leben darzustellen und manche Angabe,

keine Aufzeichnung in den Pfarrbüchern.[1] Man hat mit Vorliebe die Herkunft des seiner Zeit berühmten Mannes in ein mysteriöses Dunkel zu hüllen gesucht; so sagt Will: „Seine Herkunft aber bleibt ein Geheimnis, und man kann nicht sagen,

wenn auch nicht immer mit Geschick, zu berichtigen. In der Sammlung des Baron Haller von Hallerstein, die 1841 in Nürnberg versteigert wurde, befand sich ein Fascikel handschriftlicher Kollektaneen, das Leben und die Werke Tuschers betreffend. Die von dem Künstlerverein in Nürnberg in den zwanziger Jahren dieses Jahrhunderts in Aussicht gestellte Biographie Tuschers scheint nicht erschienen zu sein. Die Nachrichten über Tuscher finden sich zerstreut in folgenden Werken: Mariette, Traité des Pierres gravées. P. I. §. 52. S. 66. 159. (Livorno 1753.) Natter, Traité de la méthode antique de graver en pierres fines. P. I. S. 144. Pref. XXXI. (Londres 1754.) Will, Geschichte der Nürnbergischen Maler-Akademie. (Altdorf 1762.) Klotz, Ueber Nutzen und Gebrauch der alten und geschnittenen Steine und ihrer Abdrücke. (Altenburg 1768.) Lessings sämmtliche Schriften. (Antiquarische Briefe und Kollektaneen.) Der Mehrzahl der kurzen Biographien Tuschers hat jene magere Lebensskizze von J. J. Preislers Hand als Unterlage gedient. Will, Nürnbergische Münzbelustigungen, III. Th. S. 17 u. 420. (Altdorf 1766.) Giulianelli, Memorie degli Intagliatori. S. 66 u. 150. (Livorno 1753.) Basan, Dictionnaire des Graveurs anciens et modernes. (1767.) Büsching, Nachrichten von dem Zustande der Wissenschaften und Künste in den königl. dänischen Reichen und Ländern. Bd. I. S. 106 u. 107. Lami, Novelle litterarie di Firenze. S. 396. Florenz 1740.) Roth, Lebensbeschreibungen und Nachrichten merkwürdiger Nürnberger. S. 208. (Nürnberg 1796.) Gröll, Sendschreiben von den rühmlichen und nützlichen Bemühungen einiger Nürnbergischen Künstler. S. 17. (Dresden 1753.) Litterarische Blätter. Bd. II. S. 146. (Nürnberg 1803.) Will, Nürnbergisches Gelehrten-Lexicon. IV. Th. S. 80. (Nürnberg u. Altdorf 1758.) Nopitsch, Nürnb. Gelehrten-Lexicon. S. 342. (Nürnberg 1815.) Kiefhaber, Nachrichten zur Geschichte von Nürnberg. II. Bd. S. 105. (Nürnberg 1804.) Murr, Beschreibung der Merkwürdigkeiten von Nürnberg. 2. Aufl. S. 346. (Nürnberg 1801.) Murr, Journal zur Kunstgeschichte. 16. Th. S. 28, 31. (Nürnberg 1788.) Weinwich, Kunst-Historie i Danmark. S. 129—133. 141. 184. (Kiobenhavn 1811.) Moehsen, Beschreibung einer Berlinischen Medaillen-Sammlung. I. Th. S. 108. 201. (Berlin u. Leipzig 1773.) Bibliothek der schönen Wissenschaften. 42. Bd. S. 252. (Leipzig.) Winkelmanns Briefe an einen seiner Freunde. S. 77. (Berlin u. Stettin 1781.) Description des pierres gravées du feu Baron de Stosch. Préf. p. XXVII. (Florenz 1760.) Brulliot, Dictionnaire des Monogrammes. (München 1832—34.) Füssli, Allgemeines Künstlerlexicon. (Zürich.) Nagler, Neues Allgemeines Künstler-Lexicon. (München.) Müller, Die Künstler aller Zeiten. (Stuttgart.) Nagler, Monogrammisten. IV. Bd. S. 690 u. 691. (München.) Justi, Winkelmann. II. Bd. S. 253. (Leipzig 1872.)

[1] Will liefs ihn in seinen Münzbelustigungen erst 1710 geboren sein, und Basan giebt als seine Heimat Elsafs an.

ob sie edel oder unedel gewesen sei." Dieser Schleier ist indes längst gelüftet: wir wissen, dafs Tuscher ein Kind der freien Liebe war — wir wissen aber auch, dafs er die seiner Geburt anklebende Makel auf die edelste Weise auszulöschen bestrebt war und so die Meinung, welche man von den geistigen Vorzügen der Kinder der Liebe zu hegen pflegt, vollkommen rechtfertigte. Sein angeblicher Vater war ein Bortenmachergeselle, Ferdinand Tuscher oder Tischer. Es ist auffallend, dafs Markus nicht den Geschlechtsnamen seiner Mutter führte: offenbar erkannte Tuscher seinen Sohn an und gab zur Führung seines Namens seine Zustimmung. Bis zu seinem vierten oder fünften Jahre blieb Markus Tuscher bei seiner Mutter; dann aber zog sie durch ihren Ärgernis erregenden Lebenswandel und durch die Geburt eines zweiten aufserehelichen Kindes die Aufmerksamkeit der Behörde auf sich und wurde infolge dessen in „strenge Inquisition" verwickelt.

Markus Tuscher aber fand eine zweite Heimat im Findelhause zu Nürnberg. Will, Roth, Nopitsch und die Folgenden nehmen an, Tuscher sei erst in seinem zehnten Jahre in das Findelhaus gekommen — eine Behauptung, die schon an und für sich unwahrscheinlich ist und offenbar auf einer Verwechselung beruht. Über Tuschers Jugendjahre wissen unsere Quellen nur zu verkünden, dafs sich des Findlings eine unwiderstehliche Neigung bemächtigte, das, was er sah, zu Papier, oder noch öfter, mit Kohle zu Wand zu bringen. Diesen frühzeitigen Äufserungen seiner künstlerischen Begabung hatte es Tuscher zu verdanken, wenn sich ihm die Aufmerksamkeit eines vielvermögenden Mannes, des damaligen Pflegers des Findelhauses, Karl Benedikt Geuder v. Heroldsberg[1]), zuwendete. Durch die Verwendung Geuders kam Tuscher zu Joh. Daniel Preisler in die Lehre.[2]) Zehn Jahre lang genofs er den Unterricht des geachteten Meisters. Nach einem Aufsatze Joh. Justin Preislers

---

[1]) Geboren am 27. März 1670, vermählte er sich in erster Ehe mit Maria Helena Pfintzing, in zweiter mit Sibylla Eleonora Tucher. Er starb 1744.

[2]) Will giebt, wie oben erwähnt, als Geburtsjahr Tuschers 1710 an; dies hält ihn indes nicht ab, bei Erwähnung des Eintrittes Tuschers in die Lehre zu sagen: „Es geschah solches ohngefähr 1715." Wahrlich, ein blutjunger Malerlehrling!

über Markus Tuscher wäre dieser Unterricht vollkommen unentgeltlich erfolgt. Mit dieser Behauptung steht indes die Nachricht Wills im Widerspruch, Tuscher sei „wegen seines guten Genies zur Mahlerey dem damaligen Direktor der Maler-Akademie gegen Bezahlung 50 Rthl. Lehrgelds und 24 fl. Douceur in die Lehre gegeben worden." Wir dürften gegen den Verdacht hinreichend gesichert sein, als ob wir Wills Angaben zu hoch schätzten — in diesem Falle aber müssen wir auf seine Seite treten. Es ist nicht gerade schwierig, zu entscheiden, welche Angabe der Wahrheit am nächsten steht. Lehrgeld zu zahlen, war auch in jener Zeit eine allgemein übliche Sitte, von der man selten oder nie abzuweichen pflegte. Joh. D. Preisler erzählt selbst, dafs seine „seel. Mutter gedachtem H. Murrer an Lehrgeld .... Thl. erlegte". Die Zahl der Thaler ist freilich seinem Gedächtnisse entfallen. Die Mutter Tuschers wäre allerdings nicht im stande gewesen, für ihren Sohn Lehrgeld zu erlegen; es gelang aber dem Einflusse Geuders, eine hinreichend grofse Summe aufzubringen, um die Unterkunft Tuschers in die damals angesehenste Malerwerkstätte zu ermöglichen. Für Preisler, dessen finanzielle Verhältnisse ohnedies nicht die glänzendsten waren, lag unter solchen Umständen wahrlich kein Grund vor, eine Einnahmequelle zurückzuweisen, die ihm bei seinen, wie wir gesehen haben, geringen Bezügen doppelt wertvoll gewesen sein mufs. Es scheint demnach jene allerdings von Pietät zeugende Mitteilung des Sohnes, die für das Zartgefühl und die Selbstlosigkeit des Vaters sprechen soll, hier am unrechten Platze Verwendung gefunden zu haben.

Die Jagd nach Anekdoten hat sich auch des stillen, ernsten Charakters Tuschers bemächtigt, von dessen Schweigsamkeit seine Zeitgenossen zu erzählen wissen, dafs man alle seine Reden während seiner ganzen Lehrzeit auf ein einziges Quartblatt hätte zusammenfassen können.[1]

Im Jahre 1728 trat Tuscher seine Reise nach Italien an; seine Vaterstadt verlieh ihm hierzu eine Unterstützung von 200 fl. Er mufste sich indes verpflichten, entweder nach seiner

---

[1] Der Urheber dieser Nachricht ist Joh. Justin Preisler, wodurch die Anekdote allerdings eine gewisse Beglaubigung erhält.

Heimkehr der Stadt seine Kraft zu widmen, oder aber die ihm gewährte Summe zurückzuerstatten.

Unter den Briefen, die Tuscher in seine Heimat schrieb, dürften die an Johann Daniel Preisler gerichteten die meiste Würdigung verdienen. Goethe sagt einmal: Briefe gehören unter die wichtigsten Denkmäler, die der einzelne Mensch hinterlassen kann. Auch in den Briefen Tuschers, des einsamen, stillen Mannes hören wir den Schlag seines Herzens pochen. Wir fühlen, dafs ihn die Welt schwer drückt — aber das erste Jugendfeuer ist noch nicht erloschen! Tuscher konnte sich freilich nicht sorgenlos, nicht frei von dem Fluche des ewigen Grübelns dem Genusse der Pracht Italiens ergeben, sich in die Schönheiten des Wunderlandes versenken: all' das Ungemach aber, mit dem er zu kämpfen hatte, vermochte nicht den Ruf seines Innern zu übertönen. —

Nicht die deutsche Kunst allein war von französischem und italienischem Hauche in jener Zeit angekränkelt: auch den deutschen Künstler nahm die herrschende Mode gefangen. Markus Tuscher schreibt seine Briefe[1]) in die Heimat entweder in italienischer oder französischer Sprache, und der alte Preisler mufs sich bequemen, in welscher Sprache zu antworten. Wie der biedere Nürnberger Johann Adam Schweickart, der vierzehn Jahre später in die Dienste des Herrn von Stosch trat, sich nur als Signor Adamo wohlfühlte, so war auch Tuscher emsig bestrebt, jedes deutsche Wesen, im Äussern wenigstens, von sich abzustreifen.

Der erste Brief vom 25. Dezember 1728 spricht lebhaft für die Verehrung und Dankbarkeit, die Tuscher seinem Lehrer bewahrte. Er lautet wörtlich folgendermafsen:

    Illustrissimo Signore
    e Padron mio Colendissimo!

L'Obligo mio sarrebbe stato più prima da farle la mia devotissima riverenza con alcune righe e però in macanze di quelle, cosi hà Vossignoria ragion di tenermi in mal riccordo, per la tardanza e mal creanza mia, trovassi orà in me la Vergogna congionta col pentimento, al quale v'aggiungo un fermo proponimento di sodisfar per l'inanzi, con maggior'

---

[1]) Die Briefe Tuschers an Preisler befinden sich im Besitze der kgl. Bibliothek zu Bamberg.

accuratezza al debito mio, e non tralasciarà nissuno dell' occasioni che mi si rappresentarono di far manifest a V. S. quelli segni di Stima che sono in debito e per offerirle quei frutti, che per Obligo son tenuto. Vengo però ad augurarle cuortualmente dall' Altissimo nel corso dell Anno nuovo ogni maggior contentezza, e com' il Onnipotente ha conservato le colla famiglia cariss^{ma} fin tanto, cosi vuol egli conservar' esse insieme ed adempirle con ogni felicità più desideravile per infiniti secoli, jo del luogo mio non posso Dio ringratiar in abbastanza della sanità costante, Se non me toccasse la manchanza dei quattrini, perciòche per quadagnare qui, ed insieme studiar' è la pur' impossibilità, mà è una cosa curioss^{ma} di mandar un' Iluomo in Paesi strani, per studiare ed ancora guadagnar la sua bisogna, perche perveder un Palazzo ci vuol quattrini, mà qualche cose accoppiarne costa fuòr di misura, mi riccorde molte volte della bella lettera con quel motto, Geld, Geld, Geld, zum Teufel Geld wills haben. La barcha non và senza remo, e quando uno s'hà nudrito 3 anni nello strano mà non studiato e pur si pretende d'esser Dottore nel ritornare; Col Sig^{re} Baron di Stosch. non c' è da far niente, come V. S. havrà intesso stesso nelle lettere lamentevole del Sig^r Giov. Giustino (quall' è unico che mi fà mille grazie) ch'egli è ben' Amico dei Pittori, e Virtuosi mà particolarmente di quelli che non disegnono niente altro, che solamente le pietre incisse sue bon' e cattive raccogliate per tutt' il Mondo lo miro bene al Sig^{re} figliuolo che misseria sia, mentre che lui non parle nott' e di di niente altro, se non della rittura in Padria, e hà gran desiderio a riveder' in brevissimo tempo il suo cariss^{mo} Sig^{re} Padre. . . . mi dispiace assai ch'il Signor' Imhof non fece mentione del disegno sotto in sù, mi par ch'egli non havrà intessa l'Intenzione della lettera Italiana. Supplicole d'esserne persuasso totalmente, e resti servito di credere. Se Vossignoria vuol honorarmi de suoi carissimi commandi che mi truoverà sempre pronto ad esseguirle con quell' ubbidienza e sollecitudine che si richiede in chi fà professione d'esser

a Vossignoria
e Padron mio Colend^{mo}
obligatissimo servo
Marco Tuscher.

Roma à di 25 Xbre 1728.

Von Wichtigkeit sind diese Zeilen für uns einmal deshalb, weil sie deutlich darauf hinweisen, wie schwierig es Tuscher wurde, mit dem knappen Ehrensolde seiner Vaterstadt seine Bedürfnisse zu bestreiten, und dann namentlich, weil sie das bereits näher charakterisierte Urteil über Stosch enthalten, das die vielleicht etwas egoistische Art und Weise, mit welcher er sich der jungen Künstler zu bedienen pflegte, rücksichtslos kennzeichnet. Als Sgr. Giovanni Giustino begegnet uns in diesem Briefe Johann Justin Preisler wieder, welcher dem Landsmanne hilfreich entgegengekommen war und ihn zwar auch in das Haus des Herrn von Stosch eingeführt hatte, indes, wie wir oben andeuteten, schwerlich geneigt war, Arbeit und Verdienst bei diesem mit Tuscher zu teilen. Unter Signor Imhof ist vermutlich der erwähnte nachmalige Baumeister der Stadt Nürnberg, Christoph Andreas Imhof, zu verstehen.

Dieses Schreiben hat, wie eine Aufschrift Preislers sagt, am 24. Februar 1729 seine Beantwortung gefunden. Die Korrespondenz zwischen Tuscher und Preisler ruhte nun länger denn ein Jahr. Erst im April 1730 schrieb Tuscher seinem Lehrer wieder:

Illustrissimo Signore e Padron mio Benign[mo]

M'era giunta la gratissima di V. S. ripiena d'affettuosi e gentilissimi sentimenti e favori: indi: Sarai di poca condittione se non conoscesse quanta è la Benignità di Vossignoria Illust[ma] verso di me e quanto sempre mi favorisce, di che gliene porto umilissime gratie. E nel medessimo tempo di supplicarla a scusare secondo la Bontà superflua di V. S. la mia tardanza nel rispondere. Giàche: non è! Io gran studio, quale m'havesse fatto fare questa mala creanza, mà! meglio tardi: che mal. Onde m'ammonisce il detto (Quelche vien raro vien caro) di comparire in sommo rispetto colla presente per far manifest' à V. S: la vivissima memoria ch' jo tengo delle mie obligationi à gli immensi suoi meriti — della Lettera del Sig[re] Giustino mio caro Padrone: intessi con sommo piacer, che le mie coppiace e disegni Sono arrivati costì: salvi e sani mi fà maravigliare solamente la Malizia della Gente a poter dire: che cotesti disegni dell' Architettura sian rubati ò copiati, ed jo non n'hò ne stampe ne Libri ne niente. Mà bisognono sapere questi Midassi ò vulgarmente detto — Pretentendi dell' Architettura, che Roma sia Roma, e restarà Roma, in sempiterno, basta! Roma. La Copia del Germanico moribondo e fornito sin' alla ridocca, in tanto stò sbozzando il Moise di Guido Reni, pur nell' istesso Palazzo, benche non riescono come devono essere, mà! hò il desiderio a far tanto: quanto sarà il mio possibile, Ah! la Pittura e una cosa longa longa, nissuno comprendo che la vuol dire, ci vuol più di due anni: perciòche: più che si fà: meno si sà, non sò poi se mi spiego: Fabricando fit Faber —

Delle novità non c'è niente ad avissarla che gli Eminent[mi] Porporati stanno serrati nel Conclave per elleggere un Nuovo Pastore della Grege Catt[ca] già V. S. l'havrà intesso un pezzo.

Finalmente bramo le pregiatissime gratie de' suoi cari commandi per darle maggior' attestati, che di parole della gratitudine che ne conservo in mezzo al cuore, d'onde nasce desiderio ardente, di rimostrarmi servendola in ogni tempo e luogo

di V.S: Illma
P. S^{tum}
Gli prego di salutare tutt' i Sig^{ri} Academici, la Sig^{ra} Consorte Sig^r Giorgio Martino, Sig^r. Oedingh, Sig^r Schuster in particolare.

umil^{mo} ed oblig^{mo} servo
M. Tuscher.
Roma gli 1 d'Aprile 1730.

Über die Zeichnungen, welche Tuscher nach Nürnberg sandte und die dort das Opfer boshaften Neides wurden, besitzen wir leider keine Nachrichten. Der Palast, in dem Tuscher den sterbenden Germanicus — zweifelsohne nach Poussin — kopierte, war offenbar der Palazzo Barberini.[1]) Das Postskriptum, welches die Grüsse an Tuschers Bekannte vermittelt, gewährt uns einen Einblick in die Gesellschaft, welcher sich Tuscher in Nürnberg namentlich angeschlossen hatte. Signor Giorgio Martino ist Georg Martin Preisler, auf den wir eingehend zu sprechen kommen werden; Signor Oedingh ist der Maler Philipp Wilhelm Oeding (1697—1781), der Schüler und Schwiegersohn J. D. Preislers; Signor Schuster ist der bekannte, bereits erwähnte Maler, der als Direktor der Nürnberger Akademie 1738 starb.

Der letzte Brief Tuschers an Joh. Daniel Preisler, den wir besitzen, ist vom 29. Juli 1730.

Roma ai 29 di Luglio 1730.
Illustrissimo Signore;

Sig^r. e Padron mio Singolarissimo,

Ricevei con sommo mio piacer la di Lei gratiss^{ma} del 31 di Maggio; ripiena di buonissimi anzi per dir bene paterni segni della sua gentilezza, dalche mi confesso obligatissimo; ed intanto ne le rendo le dovute grazie: e mi vaneggio di goder indegna^{te} la sorte d'esser ne uno del numero de' suoi clienti à V. S. dò nuova che finalmente dopo 4 mesi, al 19 Luglio succedeva la solenne publicatione d'un Papa nuovo, al popolo radunato nella gran piazza di S. Pietro; sulla loggia della Basilica vaticana dal Cardinal Altieri con le giù sapute parole, „Annuncio

---

[1]) Von Guido Reni befanden sich in diesem Palaste zwei Bilder, darunter der heilige Andreas Corsini. Vgl. v. Urlichs, Römischer Bilderbandel. 17. Programm zur Stiftungsfeier des v. Wagnerschen Kunstinstituts. Würzburg 1884.

vobis gaudium magnum: Papam habemus Eminent^um et Reverend^mum Dominum Laurentium S. R. E. card^lem Corsinum Episc^pum Tusculanum: qui sibi Nomen imposuit Clemens XII." Ed immediatamente si udì lo sparo del Castell St. Angelo ed il suono di tutte le Campane verso le ore 20, era la publica Adoratione sull' Altare maggiore di S. Pietro. Nell istessa sera e nelle sequente due si udì di novo lo sparo del Castello e si videro per tutta la città le illuminationi e fuochi di Gioja, e Domenica il 22 di Luglio vedevasi ripiena di Giubilo questa capitale del mondo per la seguita esaltazione alla suprema Pontificia dignità del sant^mo Padre, ed anziosa aspettava di vederlo coronare colla Tiara, Fù dunque solennizata detta coronazione la mattina verso le ore 12. nel Portico della Basilica Vaticana ed appena il Papa ebbe terminata la Scala di Constantino si udì le trombe cantando i Musici della Basilica „Tu es Petrus" etc. incredibile poi fù la folla del Popolo, che riempiva tutta la Basilica, assordando l'aria con gl'incessanti e viva e viva, Tra tante grida di giubilo arrivata sua Santità su la loggia e li fù la publica Coronazione. tanto poi nella medissima sera che nelle altre, si vidde la città tutta festeggiante con illuminazioni oltre li fuochi rari artificiali per la città, in tutte e due sere nel Castell vi fù la consueta girandola collo sparo generale del med^mo. Il più bello c'era da vedere quando il Papa fece il suo ingresso al Monte Cavallo, servito ed accompagnato da quasi tutta la Prelatura e Nobiltà Romana à Cavallo, coll' accompagnamento delle Guardie degli Suizzeri, Cavalleggieri e Corrazzi nella somma Gala. J Romani sono contentissimo con loro santo padre, solo per questa caggione, che fece calar gli appalti del sapone e dell' Oglio, Basta: adesso si può dire certam^te „Roma rinata". Ma! volesse Iddio ch' ancor jo fossi contentato dal Cardinal Polygnac al quale feci un spaventoso disegno del suo fuocho che lui fece fare in Piazza Navona: per via della Nascità del Real Delfino, mi costava assai fattica e tre Mesi di tempo perche era designato in Tela coll' Acquarelle, in tempo di Notte con tutt'i fuochi: illuminationi; spettatori: e Prospetto della Piazza grande d'Altezza palmi 2 longo palmi 4½. In superfluo feci fare ancor' una Cornice dorata tutto alle mie spese. Sempre vivendo della speranza d'aver dop' il Conclave un buon Regalomentre il Cardinal proprio mi disse: „Monsieur vous vous avez fait de grande „fattique pour l'amour moy et j'en avrei de pensier a vous fair un „regale, mais à cet heur comment vous voyez même qu'est la plus „grande confussion, a me faché en verité: je vous prie Monsieur, de se „fair revoir depuis le Conclave." E tale feci pront' e puntuale, mà dubito quasi dell' à me si gran lodata generosità del Cardinale, ci voul pazienza; Possiamo; S'jo ripigliasse il mio disegno cosa sarebbe da fare? nissun altro non mi pagarà certo la fattica, ed a me non potrebbe far altro d'un grandissimo ed irreparabilissimo Danno. Perche jo per adesso del denaro hò di bisognissimo considerando d'aver più debiti che di quattrini per rimurare questi buchi; Percioche jo edificavo i

miei progjetti sola sopra questo Regalo del Cardinale. E ben vero che l'Illust.mo Sig. de Geuder mio Padrone benignissimo, assegnava à me un gran Cambione di fl. 100 e lo sò bene quelche vuol dir una somma tale a Nuremberg, mà in Italia uno scudo significa tanto: quanto un fiorin' in Germania. Nulla dimeno a me havrebbero fatti più servizio, se non fossero stati si grand' impedimenti, per veder tutte le funzioni tanto nella sede vacante quanto dell' Elezione del Papa le quale mi fecero perdere non solamente i cari quattrini, mà quello che più prezioso anch' il Tempo perche il Tempo richiama i quattrini, mà i quattrini non richiamano il Tempo passato, e ben vero si spendeva un tantino più degli altri tempi quando „non c' è da veder niente. Bastà „mi trovo estremamentissimo squattrinato, non sò come mi fare, e se „il cardinal non farà presto, havrò ben raggion di disperare perche non „sò manco il minimo mezzo d'ajutarmi, Bensi la gente mi dà credito, „mà al fine la sommo diventerà si grande che non trovrai più rimedio „di scumularlo." Finalmente supplica V. S. di scusar la mia rozzezza nell' iscrivere ed d'incommodarla con tanta di lettere. Però se piacesse alla sua Gentilezza di prevenirmi con qualche suo commando, mi sforzerei di dar saggio dell' Ubbidienza e divozione, massimamente a Persone me pari ai quali professo eterna servitù, rimanendo per sempre
di V. S. Illust.ma
sincerissimo servo
Marco Tuscher.

P. S. alla Sig.ra Consorte, ai Sig.ri Academici ed a tutti molti buoni e veri Amici e Padroni lei si compiacerà a nome mio baciar le mani, particol. al Sig.r Otting ed all sua Sig. Consorte il viaggio del sign. figli e fisso alla Primavera ed jo non tralascierò questa buonà occasione.

Ungleich wertvoller als die Beschreibung der Feierlichkeiten bei der Papstwahl ist für uns die Erwähnung des Umstandes, dafs Tuscher mit Melchior von Polignac in nähere Beziehungen trat. 1724 bereits war Kardinal Polignac zum Gesandten Frankreichs am päpstlichen Hofe ernannt worden. Der kunstsinnige Franzose fand in Rom reichlich Gelegenheit, seine Sammlungen mit Kostbarkeiten ersten Ranges zu vermehren. Es ist natürlich, dafs sich für Stosch bald Anknüpfungspunkte mit dem geistvollen Kardinal boten — hatte ja der französische Hof den diplomatischen Schutz des Herrn von Stosch übernommen. Er suchte aber nicht allein eine Annäherung, sondern die Freundschaft dieses Mannes, mit dem er durch gleiches Streben, durch gleichen unverwüstlichen Sammeleifer verbunden war. Gleiche Neigung liefs Polignac und Stosch gleiche Wege wandeln, und nicht gerade sehr verschieden waren auch die Anlagen der Beiden. Der geriebene französische Diplomat fand einen nicht minder geriebenen, glatten Kollegen, der die nie versagende Gabe besafs, selbst den im Augenblicke für sich zu gewinnen, der, wie wir an einem Beispiele gesehen haben, mit schlimmer Meinung über ihn gekommen war. Beiden war aber auch ein positiver Geist eigen, der auf das Urquellenmäfsige gerichtet, nur im bleibenden Besitze jene Befriedigung findet, die andern schon der blofse Gebrauch gewährt. Um antike Schätze zu heben, durchwühlte Polignac Forum und Palatin — am liebsten hätte er auch im Tiberbette nach jenem κτῆμα ἐς ἀεί gesucht. Wenn Stosch sich zu diesem unternehmenden Geiste, der niemals den Kostenpunkt in Erwägung zu ziehen pflegte, hingezogen fühlte, so konnte wol sein eigenes Interesse dabei hoffen, reichlich Lohn für die treue Freundschaft zu finden. Und eigentümlich — die Sammlungen der beiden Männer, zwischen welchen das gemeinsame Streben eine innige Annäherung vermittelt hatte, sollten sich nach dem Tode ihrer Besitzer im „Antikentempel" Friedrichs des Grofsen wiederfinden, um hier vereint zu werden.

Tuscher hatte es seinem Gönner Stosch zu verdanken, dafs er von Polignac mit einem Auftrage bedacht wurde. Vermutlich mufste er sich aber mit der Ehre begnügen, gewürdigt worden zu sein, ein treues Abbild des grofsartigen Feuerwerkes des Kirchenfürsten der Leinwand anvertrauen zu dürfen. Nie war es nämlich um die finanziellen Verhältnisse seiner Eminenz schlimmer bestellt, als gerade jetzt. Zwar hatte ihn schon einmal 1724 der Herzog von Bourbon aus den Händen wenig rücksichtsvoller Gläubiger befreit — aber gerade 1730 waren alle Quellen versiecht, und als ihn im folgenden Jahre der König nach Frankreich zurückberufen wollte, traten einer schleunigen Abreise des Kardinals aus Rom so viele unvorhergesehene Hindernisse hemmend in den Weg, dafs sich der König, um die 1732 denn auch glücklich erfolgte Heimkehr Polignacs zu ermöglichen, entschliefsen mufste, dem Kardinal zur Tilgung seiner Schuldenlast 150000 Livr. zur Verfügung zu stellen.

Schwerlich dürfen wir annehmen, dafs der so bedürftige Gläubiger Tuscher bei dieser Gelegenheit befriedigt wurde, denn schon 1730 verliefs er, wie wir gesehen haben, Rom, um einstweilen bei Stosch in Florenz zu bleiben und dann nach Livorno zu reisen.

Über Tuschers Thätigkeit im Dienste des Herrn von Stosch haben sich zahlreiche Nachrichten erhalten. Winkelmann sagt in der Vorrede zu seiner Description: „Le défunt Possesseur de ce Cabinet en avoit fait dessiner en grand la meilleure partie par d'habiles Artistes, qui ont vécu plusieurs années dans sa maison. Parmi les Dessins qu'il avoit fait faire, on en compte quelques Centaines de la main du célèbre Marc Tuscher." In der Geschichte der Description der Sammlung Stosch spielt ein Brief Winkelmanns an Baldani eine hervorragende Rolle, nach welchem der Katalog der Sammlung nicht aufzutreiben gewesen wäre und er deshalb Aufklärung und Erleichterung seiner Arbeit nur in den grofsen Zeichnungen gefunden habe, die der Verstorbene für den zweiten Teil seiner Gemmenausgabe von den in seinem Solde befindlichen Markus Tuscher, J. J. Preisler, Adam Schweickart hatte zeichnen und stechen lassen. Nicht allein der Gemmensammlung aber leistete Tuscher seine Dienste — auch die Medaillensammlung des Herrn von Stosch fand eingehende Berücksichtigung von Seite des „artistischen Gehilfen": von der Hand Tuschers wurden die meisten Medaillen der Stoschschen Sammlung gezeichnet. Moehsen erwähnt namentlich die Zeichnungen von Medaillen auf Markus Sesto, Franciscus Carraria und Marsilius Ficinus.

Hier ist wol auch der einst hitzig erörterten Frage zu gedenken, ob Markus Tuscher zu den Steinschneidern zu zählen ist oder nicht. Die Beschäftigung Tuschers bei Stosch mag wol hauptsächlich zu der Annahme die Veranlassung gegeben haben, dafs dem Künstler die Fertigkeit, gelegentlich auch die Schleifscheiben zu handhaben, nicht unbekannt geblieben sei. Diese Vermutung erhält sogar eine gewisse Bestätigung in der Thatsache, dafs Tuscher 1733 in Rom sein eigenes Bild schnitt und dann auch einen Kopf der Minerva in hartem Stein arbeitete.[1]

---

[1] Preisler sagt infolge dessen: „Kunte er schon nicht in orientalische

Vettori und Andere gedenken Tuschers als Steinschneider. Mariette führt ihn mit folgenden Worten an: „Dois-je parler de Marc Tuscher et de Laurent Natter, l'un et l'autre de Nuremberg¹), qui travailloient dans Rom il y a quelques années, et dont le dernier y a même paru avec éclat? ... son compatriote Marc Tuscher n'a pas été à beaucoup près si loin, dans l'art de la gravure en pierres fines. Etant à Rom en 1733 il a gravé son propre portrait accompagné de son nom MAPKOC écrit en Grec et il a pû faire encore quelques autres gravures; mais je ne crois pas qu'elles s'étendent beaucoup, et je puis dire avec quelque certitude que ce qu'il a gravé n'est pas fort précieux. Du reste c'est un Artiste industrieux, ainsi que le sont presque tous les Allemands."

Mariette hatte Tuscher einen schlechten Dienst erwiesen, als er ihn mit Natter in einem Atemzuge nannte; denn der letztere, der im Rufe eines ausgezeichneten Edelsteinschneiders stand, fühlte sich deshalb aufs empfindlichste gekränkt. Seinem Mifsmut ob jener „Überschätzung" Tuschers hat er in seinem kunstgeschichtlichen Werke, das übrigens für Natters Kenntnisse in seinem Fache ein reicher Beleg ist, deutlich Ausdruck verliehen. Er sagt nämlich: „Mr. Mariette se trompe encore au sujet de Mr. Marc Tuscher de Nuremberg, qui n'a jamais gravé en pierres fines. C'étoit un Peintre qui avoit le faible de vouloir passer aussi pour un Graveur. Il a modélé son propre portrait en cire molle, fort en petit; il en a fait une empreinte en plâtre, et puis en pâte de différentes couleurs; entre autres en couleur d'Aigue-marine, dont Mr. Ghinghi, qui étoit alors Graveur du Grand-Duc de Toscane, a retouché les cheveux, et poli la face. Il a gravé à la verité la tête de Minerva en pierre Paragone, mais cela se peut faire avec un simple aiguille et un canif sur cette pierre, mais non sur de pierres fines." Klotz mag wol erkannt haben, dafs diese Beurteilung nicht ganz frei von persönlichem Beigeschmacke ist;

Steine schneiden, so nahm er statt deren weichere darein er durch hülffe verschiedener grab-stichel, Köpfe herausbrachte die man wol neben die antiquen legen dorfte.

¹) Joh. Lorenz Natter war übrigens 1705 zu Biberach in Schwaben geboren.

er hielt sich deshalb an den als Zeuge der Tuscherschen Thätigkeit weit weniger verdächtigen Mariette. „Philipp Christoph Beckern," sagt Klotz, „und Markus Tuschern will ich das Lob des Fleifses nicht streitig machen." Würde diese nichtssagende Phrase einem anderen Werke zur Unzier gereicht haben — sie hätte schwerlich ihren hochgelehrten entrüsteten Gegner finden können. Hier aber reizte sie zum Widerspruch. Becker war ein fleifsiger und berühmter Gemmenschneider — das war aber Tuscher keinesfalls. Unglücklich ist auch hier wieder die Zusammenstellung der Beiden. Für Lessing kam diese nicht ganz richtige Bemerkung des sonst keineswegs geistlosen Klotz in hohem Grade erwünscht: er fand willkommene Gelegenheit, in der seinem „Rivalen" geschworenen Vernichtung an diesem Irrtume den Nachweis zu führen, dafs Klotz „ohne Wahl und Prüfung ausschreibt, und auf gut Glück lehrt, es mag wahr oder falsch sein." „Markus Tuschern, das Lob des Fleifses! das will ihm Herr Klotz nicht streitig machen!" ruft Lessing höhnend aus. „Herr Klotz kennt also wohl recht viel geschnittene Steine von Markus Tuscher? O! das wird ihm Markus Tuscher noch im Grabe danken. Denn Markus Tuscher wollte gar zu gern ein Edelsteinschneider heifsen, und war ganz und gar keiner. — Ganz und gar keiner? und Herr Klotz macht ihn zu einem der fleifsigsten? — Der Ausschreiber müfste sich hüten, zu dem was er findet, auch nicht eine Sylbe hinzu zu setzen! Herr Klotz fand Tuschern beim Mariette als Steinschneider angeführt; ob wohl nicht als einen fleifsigen: der Fleifs ist sein Zusatz; und durch diesen Zusatz wird eine kleine Irrung des Mariette zu einer groben Unwahrheit." Man sollte darnach annehmen, Lessing habe Tuscher gar nicht unter die Steinschneider gezählt. Dem ist aber nicht so: in dem Artikel seiner Kollektaneen über Gemmen führte auch er Markus Tuscher als Steinschneider auf — allerdings nach der Angabe Vettoris!

Trotzdem werden wir Markus Tuscher ob seiner Versuche in der Steinschneidekunst nicht in die Zahl ihrer berufenen Vertreter aufnehmen dürfen. Hat auch die Nachwelt die angebliche kleine Schwäche Tuschers mehr oder weniger ironisch belächelt — der Erfolg auf einem Gebiete, das einzig und allein technisches Geschick erfordert, hat dem Künstler schwerlich so sehr verlockend erscheinen können. —

1734 sehen wir Tuscher in Livorno, wohin er sich jedenfalls mit Baron Stosch begeben hatte. Aus der Zeit seines Aufenthaltes in Livorno liegen uns zwei Briefe in französischer Sprache an Johann Justin Preisler vor, welche auf ernste Zerwürfnisse zwischen den Beiden hinweisen. Ernst mufs dieser Bruderzwist wol gewesen sein, und ganz ohne Schuld scheint sich weder Tuscher noch Preisler gefühlt zu haben. Die Schuld Tuschers ist uns nicht unbekannt: jene plötzliche Änderung seines Entschlusses, gemeinsam mit Preisler in die Heimat zurückzukehren, hatte in diesem den Verdacht rege gemacht, die Handlungsweise Tuschers sei nicht ganz ohne Falsch, des Freundes und des Mannes unwürdig. Und diesem Verdachte scheint Preisler nicht gerade mit grofser Vorsicht und weiser Mäfsigung mündlich und schriftlich Ausdruck verliehen zu haben. Jene kleine Sünde Tuschers scheint ein gewaltiges Ungewitter ob seinem Haupte heraufbeschworen zu haben: Preisler scheute sich nicht, leidenschaftliche Invectiven gegen Tuscher zu schleudern und in kleinlicher Gereiztheit ein schiefes und falsches Urteil über den Charakter seines Landsmannes zu fällen.

Trotz der ihm widerfahrenen schweren Kränkung war es Tuscher, der die Hand zur Versöhnung reichte. Er, dem gewifs nichts ferner lag, als Verrat an dem Freunde zu üben, war stark genug, diesen Schritt zu wagen und aller Unbilden zu vergessen. Und in soferne mag der nachstehende Brief, der eine Annäherung der Beiden wieder vermittelte, als ein kostbares Denkmal des edlen Charakters Tuschers gelten:

Livourne 17. 7bre 1734.

Monsieur,

Ne vous etonnez pas, que depuis trois années et plus, je me prend la liberté de Vous incomodér avec la presente Lettre dans la quelle j'ai ne point d'autre but que de Vous rendre mes tres humbles devoirs. En meme tems Vous supplient lorsque vous vous croyez encor offensé de moj, de me perdonér; le quel je crois que je merit autant plus ayent fait si long tems penitence, sans être ne moins de Vous salué, Aucontraire j'ai entendu par lettres que Vous Vous étez fatiqué d'imiter le Simei contre moj & Votre Heroë togato*) m'a aussi

*) voyez la Votre dedication etc.

plusiers fois assuré que Vous Monsieur non Seulement avez dit; mais encor écrit en mon prejudice des choses atroces & cruelles.

Mais en connoissent le Saint j'ai ne pas donné foy ni a Ses paroles, ni aux Lettres plutost j'ai cherché un moyen d'en être ou disuadé oû persuadé, et a la fin m'est rencontré le dernier et cet par accident, Scavoir: j'ai trouvé Vos lettres écrites au Heroë togato En verité en les lirent je Suis resté come la femme du Loth, et jusqu'a cette heure je ne peus pas comprendre quel' Enthusiasme vous a transporté d'ecrire dans une maniere Si pernicieuse et Si contraire au Sens commun; Entre autres il y a un Article que me frappe le coeur et je ai honte de l'ecrire. Mais je montrerois Si Vous plairàs vos propres Lettres & Ainsi je ne sçais pàs qu'entre Nous est l'Offenseur où l'Offensé? Il est vray, qu'alleur j'ai fait fort mal de ne Vous pas dire mon intention & j'en Suis tres fache encor, Car je connois tres bien que j'ai peché contre le Droit d'amitie, mais je crois que ni cela non plus aura été cause de Vos transportes. Je Scais aisement encor que Vous alleur avez perdú beaucoup de tems; Et moj je suis toujours prêt de le reperdre; où mieux dit, d'employer Le double en Vous servir.

Enfin ces lignes Vous serviront de temoignage irreprochable de la verité, que je ne jamais formé aucun dissein de Nous offensér mais je n'en ai meme jamais eû le moindre pensée; Plustost je vous prie d'être entierement persuadé qu'en quelque Lieu du Mond que je sois je donnerai non obstant toujours des marques d'Estime avec le quel se suis,
Monsieur,
Votre
tres humble et tres oblige Serviteur
M. Tuscher.

P. S. L'Heroë togato Se trouve dans un êtat fort deplorable isolé des tous les Galanthommes, et des Engloises etc. tout ce a cause de son frere & moi il a dejà deux années et plus que j'ai trouvé le Moyen de vivre Seul.

Preisler wies die Freundeshand nicht zurück; seine Antwort auf diese Zeilen scheint warm und herzlich gewesen zu sein, und Tuscher schrieb ihm einen Brief entgegen, der, wenn auch voller Gemeinplätze grenzenloser Höflichkeit — im Geschmacke seiner Zeit — doch keinen schlechten Kern birgt. Er lautet:

Livourne ce 16 Xbre 1734.
Monsieur,

Il faut que je loûe votre tres chere letre du 15 d'octobre, parceque j'ai aîsement observé, que vous n'etez pas accoûtumé d'ecrire des amphibologies etc. Car, la Sincerité y est si grande, et les civilites Si touchantes, qu'il faut, que je dis, il m'est impossible d'y repondre. Mon Silence la dessùs n'est pas si coupable que vous pourriez croire, et quand vous aurez appris pourquoi, vous me croirez excusable, et plus digne de

compassion, que de reproche. La veritable cause en est la peur que j'ai; de Vous donér du degoût par mes lettres & parceque je Suis encore fort foible dans mes expressions que je Souhaiterois être assés fortes, pour vous marquer l'estime que j'ai pour vous, qu'est assurement tres grande; mais comm' aujourdhuy on ne porte pás les Moustaches, je perde l'esperance d'avoir occasion de l'executér. Permettez en attendent, que je Vous Souhaite pour le commencement de l'année où nous alons entrér, tous les biens imaginables a la fois. Je prie Dieû qu'il vous y mantienne, et Vous, de me conserver en vos bonnes graces, et de vous souvenir de moi. Je ne remplis point ma letre des voeux et des prieres, ni des Souhaites: c'est assez, Monsieur, de vous avoir dit en general, que je Vous desire tous les biens et tous les Satisfaction qui peuvent combler vos desires, et vous rendre heureux durant aûtant que votre viè. Ce sont les sinceres sentimens qu'aura toujours, Monsieur,
votre tres humble, et tres respectueus
Serviteur M. Tuscher.

Berenstadt è morto stà sera
a Firenze.

Bis zum Jahre 1738 scheint Tuscher in Livorno gewesen zu sein, dann kehrte er nach Florenz zurück. Das Jahr 1740 brachte ihm offenbar durch Stosch' Vermittlung einen wichtigen Auftrag: P. Guiseppe Maria Pancrazi gedachte eine Geschichte Siziliens in Münzen herauszugeben. Tuscher lieferte noch in dem erwähnten Jahre das Probeblatt.[1]) Und dieses Probeblatt und sein Verfertiger fand eigentümlicher Weise in der Zeitschrift die wärmste Anerkennung, die den einzigen hämischen Feind Stosch' in Florenz zum Herausgeber hatte. Dr. Johannes Lami hatte gerade im Jahre 1740 begonnen, die „Novelle letterarie di Firenze" herauszugeben — die mafsgebendste, ja einzige Litteraturzeitung Italiens. Während nun Lami, der gefürchtete florentinische Aristarch, auf dem Rücken des Herrn von Stosch, dessen mangelhafte Bildung seinem kritischen Blicke nicht entgangen war, unerbittlich die Geifsel schwang, pries er das Talent Tuschers in begeisterten Worten. Er wollte damit offenbar den Beweis erbringen, dafs es ihm einzig darum zu thun sei, Unberufenen die Wissenschaft zu verleiden, verheifsungsvolle Talente aber zu fördern.

---

[1]) Zweifelsohne beziehen sich auf dieses Probeblatt die Worte Winkelmanns in einem Briefe an den Neffen Stosch': „Sollte Ihnen der Abdruck der Platte von den Sicilischen Münzen Ihres Musei, welche Tuscher gezeichnet hat, in die Hände fallen, so bitte ich Sie, mir dieses Blatt auf einige Zeit zu leihen."

Tuscher, der sich unter dem italienischen Himmel so aufserordentlich wohl gefühlt hatte, verliefs 1741 Florenz, um nach London zu reisen. Hier traf er mit dem berühmten Reisenden Friedrich Ludwig Norden zusammen, dessen Freundschaft er bereits während seines Aufenthaltes in Florenz und Livorno genossen hatte. Norden hatte sich nämlich dort eng an Herrn von Stosch angeschlossen: er war ein aufrichtiger Bewunderer der Kenntnisse seines Landsmannes und fand im Umgange mit ihm eine immer frischsprudelnde Quelle anregendster Belehrung. Dies Freundschaftsbündnis war auch für Nordens Streben von entscheidender Wichtigkeit. Stosch, dessen weites Sammlerherz immer nach neuem Verlangen trug, bewunderte auch die Altertümer Ägyptens und bedauerte nur die Oberflächlichkeit und Mangelhaftigkeit der Nachrichten der älteren und neueren Geschichtsschreiber. Norden, jung und thatendürstig, empfand bald eine Sehnsucht nach dem Lande der Pharaonen — und wirklich traf 1737 in Florenz ein Befehl des Königs von Dänemark ein, nach Ägypten zu reisen. Diese Reise hatte hauptsächlich die Erforschung der ägyptischen Baudenkmäler zum Zwecke. Schon nach einem Jahre kehrte Norden wieder nach Italien zurück und landete zu Livorno. Doch hielt er sich hier nicht lange auf, weil er vor allem dem Könige über den Erfolg und die Ergebnisse seiner Reise Bericht erstatten wollte. 1741 wohnte Norden den Seezügen der englischen Flotte bei und blieb dann für längere Zeit in London, wo er seinen Freund Markus Tuscher wieder fand. Hier hoffte Norden zur Ausführung des Befehles seines Königs, das ägyptische Reisewerk druckfertig herzustellen, die nötige Muse zu finden. Allein es erschien nichts weiter, als ein ins Englische übersetztes Stück aus seinem oberägyptischen Tagebuche: „Drawings of some ruins and colossal statues at Thebes in Egypt" — Norden wurde inmitten rastloser Thätigkeit durch einen frühen Tod der Wissenschaft entrissen. Der letzte Wunsch Nordens war es, dafs Markus Tuscher die artistische Leitung der Herausgabe seines Werkes, die Reproduktion seiner Zeichnungen durch den Stich, übernehmen möge. Diesen Wunsch überbrachte der Freund Nordens, der junge Graf von Dannesciold, seinem Könige, und Tuscher erhielt den Auftrag, Hand an das halbvollendete Werk zu legen. Niemand war dazu mehr berufen, als er: die beiden ersten Kupferstiche zu der erwähnten Abhandlung Nordens waren ja sein Werk — Tuscher hatte aber auch den Plan der ägyptischen Reise reifen sehen, er war Zeuge der Verhandlungen gewesen, welche Stosch und Norden über dieselbe führten — in seinem Gedächtnisse waren jene wertvollen Winke und Andeutungen lebendig, welche der Kundgabe der Idee des Werkes folgten — eine eingehende Beschäftigung mit den Zeichnungen Nordens hatte ihm eine innige Vertrautheit mit dessen Auffassung und Darstellungsweise verschafft, wie sie sich kaum ein zweiter hätte erwerben können. Norden hatte also mit richtigem Blicke erkannt, dafs nur einer im stande sei, seinem Werke jene tadellose, glänzende Ausführung zu teil werden zu lassen, wie sie in seinen Träumen lebte — und dieser eine war Markus Tuscher. Allein es schien als wolle er sich, so gerne er gewifs auch die artistische Oberleitung übernommen hätte, zur Übernahme des anderen Teiles dieser Arbeit nicht bequemen; denn nicht der Gröfse und Schwierigkeit der Aufgabe wegen, deren er sich freilich wol bewufst war, verhielt er sich ablehnend — er wollte damit sagen: ich bin kein Kupferstecher, der die Zeichnungen anderer nachbildet.

Tuscher, der nie den Trieb zum Kopieren in sich fühlte, liebte auch nicht das Abhängigkeitsverhältnis, in welches der Stecher zum Zeichner tritt; wenn er in Kupfer stach, wollte er sich frei und unabhängig von fremder Zeichnung fühlen — er wufste ja, dafs der Geist der Originale sonst Einbufse erleiden würde! Und überdies glaubte er, dafs seine Stärke nicht in der Führung des Grabstichels läge: als Maler hoffte er am meisten zu leisten; seinen Werken, die er mit dem Pinsel schuf, traute er die meiste Wirkung zu, von ihnen erwartete er eine sichere Begründung seines Ruhmes.

Aber noch ein anderer Umstand riet ihm davon ab, dem Nordenschen Werke mehr als seinen artistischen Beirat zu leihen. Er hatte gerade jetzt den ersten Schritt zur Gründung einer Malerakademie in London gewagt und er durfte sich nicht verhehlen, dafs dieses Unternehmen für die nächste Zeit seine Kraft ganz und vollständig in Anspruch nehmen würde.

Tuscher folgte nur dem Zuge seiner Zeit, wenn er der Unmöglichkeit der Erziehung junger Menschen zu Künstlern seinen Zweifel entgegenstellte: sein höchstes Streben war von der Absicht geleitet, die Kunst in der Bildung des Künstlers zu pflegen. Schwerlich wäre es gelungen, den Entschlufs Tuschers zu erschüttern und seinen — darf man es wol sagen? — Stolz zu beugen, wenn nicht ein Ereignis von überwältigender Beredsamkeit eingetreten wäre, dem es glücklich gelang, eine Versöhnung mit Grabstichel und Radiernadel wieder herbeizuführen. Es wurde nämlich Tuscher eröffnet, dafs die Annahme jener reproduktiven Arbeit die Ernennung zum Professor der Malerschule in Kopenhagen und zum königlichen Hofmaler mit einem Gehalte von 800 dänischen Thalern nach sich ziehen würde. Damit war offenbar die Sache in ein anderes Stadium getreten; Tuscher konnte sich nicht länger in schroffer Ablehnung verhalten — er sah sich seinem Ziele näher gebracht und erkannte nun sehr wol, dafs seine Arbeit unendlich viel — wenn nicht alles — dazu beitragen würde, das Andenken seines teuren Freundes in Ehren zu erhalten; er nahm also Ruf und Arbeit dankend an und ging nach Kopenhagen.

Christian VI. von Dänemark besafs bei all seinen gewaltigen Schattenseiten doch auch manch' gute Eigenschaft und Tugend. Dänische Historiker rühmen mit Recht die Sorgfalt, welche er den Wissenschaften widmete. Mitten unter den Zurüstungen zum Kriege hatte der König 1743 die dänische Gesellschaft der Wissenschaften begründet, vorerst zu dem Zwecke, die Sprache, Geschichte und Altertümer des Heimatlandes zu erforschen. Diese Gesellschaft war es, welche, nachdem sie ihren Wirkungskreis erweitert, auch die Herausgabe des Werkes Nordens übernommen hatte. Nach dem Tode Christians 1746 bestieg sein Sohn Friedrich V. den Thron. Kein anderer dänischer Monarch zeigte so viel Sinn und Empfänglichkeit für deutsche Kunst und Litteratur, als Friedrich V. Die Regierung Friedrichs wird als das goldene Zeitalter der Künste und Wissenschaften in Dänemark gepriesen. Deutsche Gelehrte, deutsche Dichter und deutsche Künstler rief Friedrich in sein Reich; dem Dichter der Messiade wies er zur Vollendung seines Werkes einen Jahresgehalt an — an seinem Hofe feierte auch Holberg seine Triumphe.

Der am dänischen Hofe unter Christian VI. mit Vorliebe gepflegten Begünstigung der Deutschen hatte jedenfalls auch Tuscher teilweise seinen Ruf zu verdanken. Von einer wohleingerichteten Malerakademie indes, wie sie Tuscher möglicherweise in Kopenhagen zu finden hoffte, konnte einstweilen noch nicht die Rede sein. Christian hatte eine Malerschule gegründet und an dieser sollte Tuscher seine Lehrthätigkeit entfalten. Zweifelsohne ist es aber das Verdienst Tuschers, bei dem damaligen Kronprinzen Friedrich auf eine Erweiterung dieser Schule mit allen Kräften hingearbeitet zu haben. Er sollte zwar die Verwirklichung seiner Pläne noch erleben, aber die Frucht seiner Bemühungen nur ganz kurze Zeit geniefsen; denn erst im Jahre 1751 entschlofs sich König Friedrich, die Mittel zur weiteren Ausdehnung dieser Schule zu gewähren und ihr den Charakter einer Akademie zu verleihen. Der Hofbaumeister Eigtved wurde zu ihrem Direktor, Graf Moltke zum Präsidenten und Markus Tuscher zum ersten Professor ernannt. Aber erst 1754 wurde die Malerakademie in eine „öffentliche Schilderer-, Bildhauer- und Baumeister-Akademie" verwandelt[1]).

Die Einrichtung der Malerschule nach französischem Muster liefs sich Tuscher in hohem Grade angelegen sein; sie war ganz und vollständig sein Werk.

Am meisten beanspruchte ihn aber die Herstellung der Radierungen zum Reisewerke Nordens, dessen Fortsetzung Friedrich V. bald nach dem Antritte seiner Regierung befohlen hatte. Tuscher arbeitete rastlos und unausgesetzt weiter: er radierte, er malte, er schriftstellerte, er lehrte.

Die gleichzeitige Anspannung der verschiedensten Geisteskräfte, die sein Beruf erforderte, scheint ihn aber rasch ermattet zu haben. Als Tuscher 1751 die Augen schlofs, lagen mit Ausnahme des letzten, die sämtlichen Radierungen zum Werke seines Freundes vollendet vor. Er hatte auch bereits das Bildnis Nordens entworfen und die Kupferplatte, welche zur Reproduktion desselben bestimmt war, mit einer von ihm erfundenen Medaille zu schmücken begonnen — die Erschlaffung

---

[1]) Vergl. S. 68.

aber, die sich bleiern auf seine Hand legte, gestattete ihm die Vollendung der Radierung nicht. Inmitten seiner regsten Thätigkeit hatte Tuscher sein Nürnberg nicht vergessen; oft lenkte er seinen Blick auf die Stadt zurück, die ihm den Weg zu seinem Glück geebnet. Und wenn vor seinen Augen die alte, ehrwürdige Stadt mit ihrem greisen Mauerring und seinen Türmen und Zwingern erstand — wenn er vor dem eisenbeschlagenen Thore, an dem der riesige Doppeladler droht, pochte und dann durch die wunderlich wirre, enge Häuserreihe schritt, mag er sich wol einer Schuld erinnert haben, einer Schuld, die abzutragen sein Ehrgefühl gebot. Nürnberg hatte den Findling schützend aufgenommen, Nürnberg hatte, seine Sehnsucht stillend, ihm die Mittel gewährt, sich an den Schöpfungen der Meister zu bilden, und Nürnberg hatte wol auch ein kleines Anrecht auf seinen Sohn. Durch jene Bedingung, unter der er den Künstlerlohn der Stadt empfing, hatte man ihn für alle Zeit zu fesseln geglaubt. Aber nicht der Ruf des Vaters führte ihn nach den Wanderjahren in die Heimat zurück — und der Ruf der Pflicht scheint nur lässig gemahnt zu haben. Tuscher war nicht nach dem Norden gegangen, weil ihn sein eigenes Vaterland vernachlässigt hatte — er hatte noch Mühe, einen Ausweg zu finden, der ihm gestattete, als dankbarer Sohn Nürnbergs in den Sold des Königs der Dänen zu treten.

Der letzte Brief, der uns von Markus Tuscher vorliegt, ist an seinen Freund Johann Justin Preisler gerichtet. Er lautet wörtlich:

Molto Illustre Sig^r. Sig^r. P'dne mio Colmo!

Accusando il gentilissimo foglio di V. S. in data 13 di Marzo prossimo passato, m'è d'uopo dirle che ne provai piacere sommo. Le felicitazioni ch'ella si è degnata favorirmi sovra il mio omai felicemente consumato accasamento, prendo in segno aperto della Benevolenza e dell Affetto singolare di V.S. verso il mio Individuo, delche gli ne rendo grazie infinite e per comprobazione della mia gratitudine le consagro la confessione de miei oblighi, divotissimamente pregandola, a voler consolarmi nell' Auvenire con qualche suo riverito Commando: che certissimamente dall' Esecuzione sperimenterà non essergli io sempre un' inutile servo come fin ad ora per mio grande spiacere hò avuto la fatal sorte di rimanere. Ad altro similmente attribuire non saprei, che all' incomparabile Cortesia ed innata Gentilezza di V.S. il far menzione di quel Calco dell' Ingresso Gran Ducale à Firenze, mi presi la libertà d'inviargli, attesochè altro veramente non è d'un misero Parto della mia alquanto eccessiva Curiosità, onde non poco mene glorio ch'Ella vi trovi qualche cosetta della di lei valida approbazione degna. Chi, secondo me, in se stesso Contento non trova, giamai nol rincontrerà in questo nro Mondo sublunare mentre ovunque presentemente si mira, scuopronsi degli Valeri Massimi ed orrecchiuti Midasi contro le nobil' arti e scienze, ciò per altro non dovrebbe infastidire e disgustare i veri Professori ed amatori delle Virtù, anzi incoraggire ed animarli di calcare a più potere le pedate della Virtù, nonostante degli odi e persecuzioni che i contanti sono co'i quali paga il Mondo questo prezioso Tesoro, la speranza ci resta nulladimeno tratanti quai ancora. Alla per fine oso sinceramente assicurarla che le Nuove di VS mio Riveritissimo Padrone tante dirette quante indirette mi saranno sempre car — e gratissime, conche rassegnandole la mia ossequiosissima servitù resto inviolabilmente.

Copenhaga 13 Maggio 1748.

Di VS mio Sig^{re} Pne Colmo
divotmo ed obligatmo servo vero
M. Tuscher.

Wir ersehen aus diesen Zeilen, dafs Tuscher 1748 seinen Hausstand begründete. Er hatte sich mit der Tochter des Kunstkammerverwalters und Malers Johann Salomon Wahl[1] vermählt. Wahl war ein Deutscher, 1689 zu Chemnitz geboren, war er an den dänischen Hof gekommen, wo er sich, namentlich unter den Mitgliedern der königlichen Familie, eine grofse Beliebtheit erwarb. In Tuscher fand Wahl den Schwiegersohn nach seinem Herzen. Allein einen Tag nachdem seine Gattin ihn mit dem ersten Sohne beschenkt hatte, hauchte Tuscher sein Leben aus.

Das Vorbild Tuschers als Maler war kein geringerer, als Poussin. Wie auf diesen, so übte auch auf Tuscher die Mythologie eine ganz besondere Anziehungskraft aus. Auch Tuscher hat seinen „Mars und Venus" gemalt; doch vermissen wir bei dieser Venus jene Anmut und Grazie, wie sie Poussin so meisterhaft zu entwickeln verstand. Ein anderes Bild der königlichen Galerie zu Kopenhagen, Sappho und Cupido, vermag uns den Maler Tuscher ebenfalls nicht als einen beson-

---

[1] Büsching, Nachrichten von dem Zustande der Wissenschaften und Künste in den dänischen Reichen und Ländern. Bd. I. S. 107.

ders glücklichen Nachahmer seines Lieblingsmeisters erscheinen zu lassen. Eine heilige Familie von Tuscher, jedenfalls eine nicht sehr hervorragende Jugendarbeit, befand sich einst in dem kaiserlichen Schlafzimmer auf der Veste zu Nürnberg. Wir dürfen uns aber nicht verhehlen, dafs Tuscher, was sowol Richtigkeit der Zeichnung als auch die Farbenbehandlung anlangt, unter den Meistern jener Zeit recht wol genannt werden darf. Er beherrschte nicht allein die Technik des Kupferstichs in vollkommenstem Mafse: auch alle Manieren der Malerei waren ihm geläufig. Doch vermifst man eben auch bei ihm, was allen Meistern jener Zeit mangelt: die Selbständigkeit in Wahl dessen, was darzustellen war, und die Kraft, den Gegenstand künstlerisch frei zu gestalten. Einen selbständigen Gedanken zu entwickeln und zur Darstellung zu bringen, lag Tuscher fern; er suchte seinen Stolz einzig in der Technik.

Unter Tuschers Zeichnungen[1]) ist erwähnenswert das prächtig ausgeführte Panorama von Florenz, das sich einst im Besitze des Direktors Spengler in Kopenhagen befand, dann die Zeichnung zu einer Statue des Königs Friedrich V., die in Erz gegossen auf dem Friedrichsplatze in Kopenhagen aufgestellt werden sollte und der von Tuscher als königlicher Baumeister gefertigte Plan zur Häuseranlage auf dem oktogonen Platze der Amalienburg, welcher in Kupfer gestochen wurde.

Nach einer Vermutung Naglers hätte der angedeutete Ausgleich Tuschers mit der Stadt Nürnberg darin bestanden, dafs er das Innere des Zeughauses in mehreren Zeichnungen darstellte. A. W. Küffner kündigte allerdings 1804 den Stich von acht grofsen Zeichnungen dieser Art auf Subskription an.

Die verdienstvollste Arbeit Tuschers ist zweifelsohne das bereits besprochene Reisewerk Nordens. Wir müssen hier auch der englischen Übersetzung desselben gedenken. Der englische Herausgeber war sich darüber klar, dafs es nicht leicht möglich sei, das Charakteristische der Tuscherschen Radierungen im Nachstiche zu erreichen. Und dennoch befürchteten die

---

[1]) Nach dem von Börner bearbeiteten Auktions-Kataloge der Sammlung des Freiherrn Haller von Hallerstein (1841) befanden sich in diesem Besitze mehrere Zeichnungen von Tuscher, in Tusch, Röthel, schwarzer Kreide und mit der Feder ausgeführt.

Engländer eine neue Ausgabe des Buches und Nachstiche der Radierungen, ja sie vermuteten, dafs andere ihnen in der Erwerbung der Originalplatten zuvorkommen könnten. Es wurde deshalb die englische Ausgabe schleunigst veranstaltet und eine Ankündigung ausgegeben, aus welcher wir nur die Stelle hervorheben wollen: „...illustrated with 16⁴ large folio copper plates, being the originals, engraved by the celebrated Marc Tuscher, of Nuremberg".

Die Vorrede aber brachte die Mitteilung, dafs es dem Herausgeber glücklich gelungen sei, die Originalplatten an sich zu bringen. Die Platten waren noch scharf und nichts weniger als abgenützt, weil die französische Ausgabe keine grofse war. Und in der That machen die Tuscherschen Radierungen in der grofsen englischen Ausgabe einen viel besseren Eindruck, als in der französischen; der Druck ist ungleich sorgfältiger und das Papier weitaus besser. Mit der grofsen englischen Ausgabe war auch eine kleine erschienen, welche indes mit Radierungen weniger reich bedacht wurde.

Unter den Radierungen Tuschers hat der Einzug Franz III. von Lothringen (späteren Kaisers) und seiner Gemahlin Maria Theresia in Florenz eine gewisse Berühmtheit erlangt. Es ist zweifelsohne die beste Arbeit des Meisters. Zur Erklärung der weniger bekannten Einzelheiten des Blattes können wir folgendes bemerken. Bei dem Einzuge 1739 war auch Adam Rudolf Geuder, der Sohn des Wohlthäters Tuschers, mit seinem Hofmeister, dem nachmaligen General v. Oelhafen, in Florenz. Die Pferde am Geuderschen Wagen scheuten, als sie die Pracht des mit grofsartigem Aufwande gefeierten Einzuges erblickten, — Herr v. Oelhafen sieht aus dem Wagen heraus. Über dem Worte der Unterschrift: LOTHARINGIAE steht Markus Tuscher selbst in seinem Roquelaure und runder Perücke; er blickt auf die Kutsche des Grofsherzogs. Im Rücken Tuschers steht Karl Martin Schweyer, ein Nürnberger Kaufmann, mit einer Haarbeutel-Perücke, seinen Hut in der Hand haltend. Der, mit dem er sich unterhält, trägt unverkennbar die Züge Joh. Just. Preislers. Der alte Abbate Capponi mit der Brille reicht einem greisen bucklichen Bettler ein Almosen. Die Platte dieser Radierung kam von England — in London entstand nämlich der

„Einzug" — nach Florenz, wurde daselbst von Consiglio maggiore gekauft, nach 100 Abzügen vergoldet und der grofsherzoglichen Galerie überwiesen.

Eine andere Radierung Tuschers stellt einen alten Pächter dar, der sich angelegentlichst um die Gunst einer jungen Bäuerin bewirbt. Unten lesen wir vier italienische Verse: Un vechio che d'amor etc. Dieser „amant vieillard" zählt offenbar zu dem besten, was die Nadel Tuschers geschaffen. Auch liebte er die Allegorie, und es bot sich ihm in einem Gedenkblatte auf eine Hochzeitsfeier Gelegenheit, auf dem Basrelief eines antiken Monumentes eine solche Feier allegorisch darzustellen. Die Radierung trägt die Inschrift: „Praemia Virtuti Dant Numina". Eine seltene Jugendarbeit Tuschers ist sein „Christus und die Samariterin am Brunnen". Nicht minder geistreich sind seine übrigen Arbeiten behandelt: so das Bildnis des Malers Ghezzi (Il famoso Cavaliere delle Carricature); eine Landschaft mit einer Tempelruine im Mittelgrunde; die Ansicht des Vesuv nach dem Ausbruch von 1738 und eine Vignette mit der Fama in den Wolken, neben welcher ein geflügelter Knabe steht, der einen Kranz hält. Ferner haben wir noch zu erwähnen: „Epitalamino per le nozze de' Signori A. Lefroy ed Elis. Langlois — in Livorno 1738 da M. Tuscher". Mit einem Titelkupfer, zwei Vignetten und zwei Initialen von der Hand Tuschers. Der beiden Blätter zu Nordens „Drawings of some ruins and colossal statues" etc. haben wir bereits gedacht.

Nach Tuschers Zeichnungen hat Johann Daniel Meyer sein eigenes Bildnis als Tierskelett-Maler radiert, ferner ist nach ihm das Porträt des Buchhändlers Rothscholz von G. W. Knorr gestochen, die Titelvignette zu den Briefen über den gegenwärtigen Staat von Dänemark von Th. Laan radiert, ein Kronleuchter, welchen Spengler nach Tuschers Zeichnung in Bernstein ausarbeitete, von W. Müller radiert.

Des Künstlers Eigenbildnis besitzen wir in einer Radierung von seiner Hand. Eine Schaumünze auf Tuscher trägt die Umschrift: ΜΑΡΚΟΣ. ΤΥΣΧΕΡ. ΝΩΡΙΚΟΣ. ΖΩΓΡΑΦΟΣ. Unter der Büste steht: M : M : Ell. Die Reversseite stellt den sich auf eine Säule stützenden Genius der Kunst dar, der in der rechten Hand eine Radiernadel, in der linken die Palette hält.

Am Fuſse der Säule sind die bekannten Symbole der Kunst und Wissenschaft gruppiert. Oben steht: ΣΥΜΑΜΦΟΤΕΡΟΝ (für συναμφοτερον). In der Exergue lesen wir den vollständigen Namen des Künstlers: M : ΜΕΥΡΣ : ΕΠΟΙΕΙ:. Das erwähnte von Tuscher selbst radierte Bildnis trägt nicht nur die griechischen Worte ΜΑΡΚΟΣ ΜΕΥΡΣ ΦΡΙΣΙΟΣ ΕΠΟΙΕΙ, sondern auch die getreue Abbildung dieser Medaille. Auf dem Avers der Medaille steht unterhalb des Halses: M. M. ΕΠ und auf dem Revers im Abschnitt: M. ΜΕΥΡΣ ΕΠΟΙΕΙ. Wir dürfen also wol annehmen, daſs der Friese Meyrs Tuscher malte und dieser dann sein Bildnis in Kupfer stach. Die Medaille aber ist offenbar nach der Erfindung und Zeichnung Meyrs, wenn nicht von diesem selbst getrieben und dann abgeformt und nachgegossen. Auch M. G. Arbien hat nach dem Tode Tuschers eine Medaille auf ihn gefertigt. Die Vorderseite zeigt das Bildnis des Meisters mit der Schrift: Marcus Tuscher Noricus obiit 1751. Auf dem Revers steht: ΣΥΝΑΜΦΟΤΕΡΟΝ; unter dem Embleme: ΕΙΣ ΜΝΗΜΟΣΥΝΗΝ. M. I. ΑΡΒΙΕΝ ΕΠΟΙΕΙ.

In der Bibliothek der Kunstakademie zu Kopenhagen befindet sich ein handschriftliches Werk Tuschers: Abecedario dell' Architettura, in cui con nuova simetria e facolta si monstrano le guiste e facillime regole de cinque Ordini coll' aggiunta d'un Saggio d'un Ordine novello da vari Frammenti architettonici degli Antichi cavato e messo in un pratticabile Sistema, e con molti Estampi dimostrato chi si possa metterlo in opera al pari degli altri Ordini, il tutto con gran diligenza e somma esatezza misurato, calculato e disegnato da Marco Tuscher Norico Pittor ed Architetto Akademico Etrusco l'Anno MDCCXXXXIII. Als Beigabe dieser fleifsigen Schrift findet sich: Pensieri d'un Monumento da erigersi in Piazza d'Amac di Copenhaga in Memoria del grand Incendio sofferto nell Anno 1728. 23. Ottobre. Das Monument wurde nicht zur Ausführung gebracht.

Kehren wir nun zu Johann Justin Preisler zurück. Unter seinen Gemälden dürfte die Himmelfahrt Christi in einem Zimmer des hl. Geistspitals in Nürnberg, genannt „die Suden", erwähnenswert sein. Über seine eigene künstlerische Anschauungsweise giebt er uns in seiner Selbstbiographie genügende Anhaltspunkte. So sagt er: „Ich hatte auch Bekanntschaft mit Sign. Tiepoli, Sig. Marchesini v. noch vielen andern deren Manier im Mahlen mir besonders vorkam. Allein, da ich bereits ganz andere Lehrsätze gefaſst, kunte mich vor mich allein nicht so leicht ändern, copierte also nach guten Stücken" — er kopierte nämlich nach Pesne, Bellucci, Cesari, Rembrandt, Balestra, Veronese u. a. — Ein Dekorationsstück, wie es der Geschmack der damaligen Zeit verlangte, war offenbar jenes Bild für den Greffier Fagel, die Entdeckung des Achilles durch Odysseus bei den Töchtern des Lykomedes. Preisler erzählt, daſs bei der Ausführung dieses Gemäldes „alles nach scharffer beobachtung in der antiquitet geschehen muste und in einen mit Architektur gezierten koenigl. Saal". Das Bild gefiel zwar in Holland, aber man hätte gerne „mehreres Frauenzimmer wünschen mögen". Welch' artige Ausbeute hätte der Töchterreichtum des Königs den sinnlichen Farben eines Malers aus der Schule Bouchers geboten — und wie ungenützt liefs der fränkische Maler diese Gelegenheit vorüberziehen! Wahrhaftig, entweder war es Mangel an Verständnis für die Wünsche des reichen Staatsmannes, oder Mangel an geeigneten Modellen, der dem sittigen Deutschen diese überraschende Beschränkung auferlegte. Ein Selbstbekenntnis, wie es nur der ehrliche Preisler ablegen konnte, besitzen wir in den rührend-naiven Worten: „Ob nun schon mein Hauptstudium auf das Historienmahlen gienge, so sahe ich bald ein dass ich zu einer ziemlichen practic kaum fataler Zeiten halben kommen kunte, so wollte mir auch der Rath verschiedener Gönner so mir anriethen mich wo anders hin zu wenden wo ich mein Glück besser finden würde". Und später klagt er: „In Historien mahlen war gar nichts wie ehedem vorkommen. Ausser ein Altar Blat nach Herspruck v. nachgehends ein Pla Fond in das Garten Hauss des hochseel. H. Graf von der Witt gegen St. Johannes Kirche, das war es Alles. So dan wenige Portr. gross v. mehr kleine. Mir blieb noch viele Zeit zu feyern übrig die ich mit einigen kleinen Werken in Kupferstichen hinbringen kunte".

Preisler wurde nach dem Tode Deckers 1742 Direktor der Maler-Akademie und übernahm nach dem Tode seines Bruders Georg Martin auch die Leitung der Zeichenschule. Unter seinen Schülern befanden sich Meister wie der Bildnismaler und Kupferätzer Nicolaus Christoph Matthes aus Hamburg, Ambrosius Gabler und Zwinger aus Nürnberg.

Erst siebzehn Jahre nach dem Tode Preislers erfuhr seine akademische Wirksamkeit einen heftigen, freilich indirekten Angriff. Sein Freund und Nachfolger Ihle war mit mehreren Mitgliedern des Instituts, an deren Spitze der Stadtdekorateur und Kupferätzer A. L. Möglich stand, in ärgerliche Zwistigkeiten geraten, die in dem von Meusel herausgegebenen „Museum für Künstler und Kunstliebhaber" (1788) in einem Sendschreiben aus Nürnberg ihren schrillen Ausklang fanden: „Eine der vortrefflichsten Anstalten ist gewiss unsere Künstlerakademie; aber wie vergraben, wie unbekannt ist sie nicht? nicht allein dem Auslande, nein! sogar den meisten Innwohnern ... Mangel erster innerer Einrichtung, durch welche jedes Institut erst seine Form erhalten mufs, hat unserer Meinung nach viel mehr Schuld, und eben diese Einrichtung und vestgesetzte Regel hat seit der Entstehung der Akademie gefehlt". Nachdem eine Reihe bedenklicher Mifsstände gerügt sind, wenden sich die „frequentierenden Mitglieder" an den Direktor mit den Worten: „Wir können oder wollen Ihnen also... keine Schuld beymessen, dass Dieses oder Jenes nicht zweckmässiger eingerichtet ist, Sie haben es im Jahre 1771 so gefunden und glaubten vielleicht, dass eine Verbesserung oder Reform keine angenehme Sache ist".

Wir erhalten damit einen recht erquicklichen Einblick in die Zustände einer modernen Malerakademie. Und wollten wir von diesen Zerwürfnissen auf die innere Gestaltung der Anstalt schliefsen, so dürften wir vielleicht nicht ganz mit Unrecht von „akademischer Stallfütterung" sprechen, die sich ungeniefsbar und ungedeihlich für den Künstler von origineller Kraft erweist, der sich seiner höheren Bestimmung und der Würde der Kunst bewufst ist. Wie dachte doch der Begründer der neudeutschen Kunst über die Akademien! In einem Briefe, den er an einen Freund schrieb, heifst es: „Ich hatte dem Minister von Heinitz geschrieben: dass mir die Akademien überall, wo es auf Bildung des Geschmacks ankäme, unzweckmässig schienen, dass sie, auf die Weise wie alle beschaffen sind, dem Wiederaufblühen der Künste entgegen seien; — dass man wünschen sollte, dass diese Tyrannei, wodurch das Genie schon in der Wiege verkrüppelt und dem Staate eine Menge nützlicher Bürger entzogen wird, einmal ein Ende nehme".

Und doch dürfen wir nicht die Bedeutung der Malerakademien jener Zeit, auch nicht die der Nürnberger Anstalt unter Preislers Leitung, ganz und gar unterschätzen. In der „Bibliothek der redenden und bildenden Künste" (1807) war nicht ganz ohne Grund darauf hingewiesen, dafs es, um ein Künstler zu sein, keineswegs genug ist, in der Einbildungskraft ein Ideal, sei es auch noch so vollkommen, deutlich und bestimmt aufzufassen. „Der wirkliche Künstler mufs das Ideal auch aufser sich durch Auge, Hand und Pinsel darstellen. Dafs zu dieser praktischen, oder wenn man will, mechanischen Übung für Auge und Hand, auch bei ausgezeichneten Talenten, ein Zeitraum von einer nicht unbedeutenden Anzahl Jahre nötig ist, weifs jeder, der das Wesen der Kunst kennt." Und Hermann Grimm mahnt in seinem Aufsatze über Carstens, nicht zu vergessen, dafs in den von Meistern jener Zeit geleiteten Schulen mit äufserster Richtigkeit zeichnen gelernt wurde — wenn aber so wenig wahre Künstler aus den Akademien hervorgingen, so dürfen wir dies kaum damit erklären, dafs die Akademien das Genie ihrer Zöglinge unterdrückten. Der erste Zweck der Akademien sollte doch nur auf die Erwerbung des allein Erreichbaren in Übung der Hand und Ausbildung des Auges gerichtet sein — um wahre Bildung des Geistes, die Läuterung der Phantasie und die Erfassung tief poetischer Gegenstände war es ihnen gewifs nicht zu thun!

Nicht auf Nürnberg allein erstreckte sich Preislers Lehrthätigkeit. Durch die Fortsetzung des von seinem Vater begonnenen Zeichenbuches kam er einem unleugbaren Bedürfnisse entgegen. Es war ja Sitte geworden, dafs der angehende Kunstbeflissene Preislers Anleitung von Anfang bis zu Ende kopieren mufste! Der erste, welcher dagegen seine Stimme erhob, war Salomon Gessner in Fuesslins „Geschichte der besten Künstler in der Schweitz" (III. Bd. 1770. Vorr.). Er sagt: „Ich habe junge Künstler gesehen, die es mit Thränen bedauerten, dass sie durch schlechte Anleitung zurückgesunken, unter nachtheiligen Umständen nicht aufgemuntert, ihre beste Zeit mit Mühe und Arbeit verloren hatten: Und Genien, die verwildert, Spuren von grosser Anlage in ihren Werken zeigen, und die, wenn sie weniger sich selbst und etwa Halbkennern oder dem schlechten Geschmack ihres Ortes oder ihres Zeitalters überlassen gewesen wären, wahrhaftig gross würden gewesen sein. Mein Wunsch ist, dass ein philosophischer Kenner sich mit Künstlern berathen, und eine Anleitung, sowol für Anfänger in der Kunst als für die, so dieselben unterrichten, schreiben möchte." Nachdem Gessner die einzelnen Punkte berührt hat, welche bei einem solchen Werke beobachtet werden müssen, fährt er fort: „Man martert in Deutschland die Anfänger fast allgemein nach Preisler, und doch sind seine Umrisse sehr oft falsch, und seine Köpfe besonders von einem gemeinen Charakter." Wir dürfen nicht annehmen, dafs es nichts weiter als Tadelsucht ist, die Gessner dieses Geständnis abgerungen! Und wenn die „Kunstzeitung der Kayserl. Akademie zu Augsburg" 1770, an diese Bemerkung anknüpfend, versichert, dafs „nicht Neuerungsbegierde, sondern die Liebe gegen junge Genies, ihnen Gelegenheit zur Entwickelung zu geben," jene Worte diktiert habe, so können wir an der wohlmeinenden Absicht der Gessnerschen Warnung nicht zweifeln. Aber zu leugnen ist doch schwerlich, dafs das Preislersche Werk trotz aller Schwächen zu seiner Zeit weitaus das beste war, was den jungen Zeichnern geboten werden konnte. Und noch im Jahre 1843 erlebte es eine neue Auflage!

Preisler hat übrigens als Kupferstecher in seinem Werke: „Statuae antiquae ab Edm. Bouchardon delineatae. Norimb. 1732" ganz bedeutendes geleistet: es sind 50 Statuen, die er nach den erwähnten Zeichnungen von Bouchardon in Kupfer stach.[1]

---

[1] Die Werke Preislers: Philippo L. Baroni de Stosch Antiquitatis amatori bonarumque artium cultori statuas hasce antiquas ab Edmundo Bouchardon Gallo Sculptore egregio Romae delineatas Jo. Justinus Preisler Nori-

Die von Will herausgegebene Geschichte der Malerakademie, zu welcher Preisler die Vignette zeichnete, rühmt ihn als „einen grofsen Erfindungsgeist, Kenner Italiens und der Alterthümer und als den feinsten Maler". Preisler aber schrieb am Abende seines Lebens: „Es durffte mich niemand fragen, warum nicht bey der Mahlerey als meinem Hauptmetie geblieben, an statt meine Sinnen so sehr mit anderen Dingen zerstreuet, sonst müsste ich antworten, die Abnahme der Zeit die von tag zu tage nebst denen Liebhabern abgenommen, hatten michs wohl gelehret und gezwungen auf alles was mir vorkam zu reflectiren." Gegenüber solch' offenem Bekenntnisse nimmt sich der bombastische Wortschwall, mit welchem Will den bescheidenen Mann zu verherrlichen sucht, recht hohl und nichtssagend aus.

Wie sein Vater und Grofsvater wurde auch Joh. Justin Preisler als Genannter in den gröfseren Rat gewählt (1745). 1738 hatte er sich mit der Tochter des Wappen- und Edelsteinschneiders Christoph Dorsch[1], der Witwe des Malers Sal. Graf vermählt. Preislers Schwiegervater war der Sohn des Wappenschneiders Erhard Dorsch, von dem er den ersten

cus Pictor a se in aes incisas fautori suo optime merito grati animi monumentum d. d. Excudit Norimbergae Geo. Mart. Preisler 1732.

Der berühmten Künstler Rubens und Anton van Dyck fürtreffliche und weitbekannte Mahlereyen die sich vorhin in dem prächtigen Tempel R.R. P.P. Soc. Jesu zu Antwerpen befunden haben, nun aber durch dessen Einäscherung verlohren gegangen sind, werden aus der Asche gleichsam herfürgezogen und in Kupfer an das Licht gebracht von Joh. Justin Preisler Mahler 1735.

Ornamenti d'Architettura. Architektonische Verzierungen. Mitgetheilt von Joh. Justin Preisler.

Nouvel essai de quelques statues romaines, faites de meilleurs sculpteurs, hardiment dessinées par Mr. Bouchardon etc. Norib. 1757.

Antike Steine des herzogl. braunschweigischen Kabinets.

In seiner Selbstbiographie erwähnt Preisler, dafs er auch ein „Werkchen von Muschel und Laub nach jetziger Facon" herausgab — er lieferte also auch einen Beitrag zur Verbreitung der berüchtigten Musterornamente, jener Erfindung, die einen so schlimmen Einflufs auf die Kunstwelt ausübte!

Von Joh. Justin Preisler sind auch drei Schwarzkunstblätter erschienen: 1) St. Magdalena. 2) Venus, vom Rücken gesehen. 3) Der junge Kupetzky.

[1] Lochner, Sammlung merkwürdiger Medaillen 1743. VII. S. 401. Keyssler, Fortsetzung neuester Reisen, S. 1211. Siebenkees, Materialien I. S. 76. Gröll, Sendschreiben S. 6. Bucher, Geschichte der technischen Künste, S. 344.

Unterricht in der Kunst genofs. Später diente Christoph Dorsch einige Jahre als Kellner und wurde dann Weinhändler, und als der Handel ihm nicht glücken wollte, wurde er Glasschleifer, lernte, obgleich schon 31 Jahre alt und Vater von fünf Kindern, zeichnen, studierte Geometrie, besuchte die Malerakademie und hörte Vorlesungen über Anatomie. Als Steinschneider erwarb er sich einen bedeutenden Ruf und übertraf die meisten seiner Zeitgenossen. Er schnitt unzählige Wappen in Stein und arbeitete so täuschend nach antiken Gemmen, dafs betrügerische Händler seine Intaglien als echte verkauften; er schnitt auch die Porträts der römischen Kaiser, der Könige von Frankreich, der Päpste, der Dogen und der sämtlichen Professoren der Altdorfer Hochschule. Auch die Köpfe von Göttern und historischen Persönlichkeiten, die Hieroglyphen und Abraxas-Gemmen u. s. w. in Ebermayers Thesaurus sind von Dorsch gefertigt. Diese Massenarbeiten konnten keine Kunstwerke sein, doch zeugen sie immerhin von grofser Gewandtheit. Seine erste Gattin war Dorothea Helena Mörl; von ihr wurde Susanna Maria am 8. Dezember 1701 zu Nürnberg geboren. Sie empfing den Unterricht ihres Vaters im Steinschneiden, lernte bei Joh. Daniel Preisler zeichnen und bei dem Medailleur P. P. Werner bossieren. Am 22. März 1720 vermählte sie sich mit dem Maler Salomon Graf, welchem sie sieben Söhne und zwei Töchter schenkte, die jedoch alle in früher Jugend starben. In treuherziger Weise schildert Preisler, wie er zu seinem Weibe gekommen. „Indem H. Graf geschickter Mahler noch selbigen Jahres vor meines seel. Vatters Tod starb und hinterliess eine Wittib, so eine sehr geschickte Künstlerin war, in sehr betrübten Umständen. Von Mitleid bewegt und von der innerlichen Stimme Gottes: die Wittib sollt du zur Gehilffin haben, machten mich einigermassen verwirrt dass ich sehr scrupuleus wurde, weil ich d. ledigen Stand den ehligen Stande vorzoge. Ich wuste also nicht was ich erwehlen sollte und wande mich zu voderst zu Gott den Allweisesten Rathgeber im Gebet und Flehen mir seinen allergnäd. Willen und Wolgefallen zu entdecken . . . Und so wurde ich vollkommen überzeugt, dass meine Unentschlossenheit gezwungen wurde, zu schweigen und trug Ihr sodann meine Liebe an, welche Sie ganz willig aufnahm."

Susanna Preisler hat als Gemmenschneiderin ihren Vater weit übertroffen. Mit der letzten Blütenepoche des Luxus, die im fünfzehnten und sechzehnten Jahrhundert ihren Anfang nahm und die derart nachwirkte, dafs eine letzte Glanzperiode, die des achtzehnten Jahrhunderts sich entwickeln konnte, wird ihr Name immerdar verknüpft bleiben. Das eigentliche Gebiet des Rococo haben wir ja in den Kleinkünsten zu suchen: hier in der Ausbildung der Dinge, die der verfeinerte Luxus bedarf, zeigt es die Höhe seiner Kraft, eine Eleganz und reizvolle Mannigfaltigkeit, welche ihm eine ehrenvolle Stellung innerhalb der Epochen der Kunst sichert. Köhler durfte 1745 mit vollem Rechte sagen, dafs es „Deutschland zu sonderbaren Ehren gereicht, dafs die uralte und kostbare Kunst, Bilder in Edelgesteine zu schneiden, durch die geschickte Hand der Preislerin in grösster Vollkommenheit erhalten wurde." Die Entfaltung einer so reichen Thätigkeit, wie wir sie bei ihr wahrnehmen, zeigt auf jene Nachblüte der glyptischen Kunst in unzweideutiger Sprache hin: eine Periode der Blüte der Glyptik beruht auf Voraussetzungen und ist an Bedingungen gebunden, die nicht künstlich geschaffen werden können. In jener Zeit, als sich Susanna Preisler durch ein so achtunggebietendes Wirken die Gnade hoher Häupter erwarb, sehen wir noch Reichtum und Bildung zur Unterstützung des verfeinerten Luxus gerne die Hand reichen.

Susanna Preisler starb am 8. April 1765.[1]) Aus ihrer zweiten Ehe waren zwei Töchter entsprossen, die den Unterricht in der Kunst von ihren Eltern empfingen. Die ältere, Esther Maria[2]), heiratete den Buchhändler Stein in Nürnberg, die jüngere, Anna Felicitas, den Schüler ihres Vaters, den späteren Direktor

---

[1]) Schon 1744 hatte Werner zu ihrem Andenken eine Medaille gefertigt. Die Vorderseite zeigt das Brustbild der Künstlerin, nach links gewendet. Die Umschrift lautet: Susanna Maria Preisler. nat. Dorsch. gemm. caelatrix. Darunter der Name des Medailleurs: A. R. Werner. Die Rückseite zeigt die auf Wolken ruhende Minerva mit den Emblemen der Kunst und die Umschrift: Ars Foemini Generis. Im Abschnitte unten die Jahreszahl MDCCXLIIII.

[2]) Von ihr ist erschienen: Erster Versuch Verschiedene Blumen nach der Natur zur nützlichen Ergötzung im Nachzeichnen für Liebhaber in Kupfer gebracht von Ester Maria Preislerin 1763.

der Zeichenschule in Nürnberg, Ch. J. S. Zwinger.[1] Johann Justin Preisler starb am 18. Februar 1771. Seine reiche Sammlung an schönen Schwefelabgüssen von antiken, geschnittenen Steinen ging durch Kauf in den Besitz der von ihm geleiteten Akademie über.[2]

Der zweite Sohn Johann Daniel Preislers war Georg Martin. Am 6. November 1700 zu Nürnberg geboren, erhielt er eine vorzügliche Erziehung für seinen Künstlerberuf. Er zählte bald zu den bedeutenderen Kupferstechern seiner Zeit. Aber auch als Maler leistete er Gutes, namentlich seine Porträts lassen in ihm den gediegenen Künstler erkennen. Einige seiner Bildnisse und historischen Darstellungen wurden in Florenz wohlwollend aufgenommen. Preisler leitete seit dem Tode seines Vaters die Zeichenschule der Nürnberger Akademie. Eine von ihm angelegte „Nachricht von dem ersten Fortgang der Nürnberger Malerakademie von 1724" wird im Germanischen Museum in Nürnberg aufbewahrt: sie enthält eine Reihe von Porträts in Kreidezeichnung, von welchen siebzehn von Georg Martin, vier von Joh. Justin Preisler herrühren.

Im Jahre 1749 wurde Georg Martin als Genannter in den gröfseren Rat seiner Vaterstadt gewählt, in welcher Stellung er bis zu seinem am 29. August 1754 erfolgten Tode verblieb. Er hatte sich 1728 mit der Jungfrau Helena Susanna Wagner vermählt, welche ihn mit zwei Kindern beschenkte.

Die Kupferstiche Georg Martin Preislers, welche den Einflufs Gerard Edelincks nicht verleugnen, bestehen zum gröfsten Teile aus Porträts. Die Person des Dargestellten ist zwar in den meisten Fällen völlig gleichgültig — aber die technische Behandlung der Bildnisse ist eine so gewandte, dafs uns die manchmal geradezu meisterhafte Stichelführung mit den immer wiederkehrenden Trachten und immer gleich steifen Stellungen der Herren des hohen Rates zu versöhnen vermag.

In diesen Porträts Preislers sehen wir zum letztenmale den Glanz der stolzen Reichsstadt sich wiederspiegeln. Die Sonne

---

[1] Über den dieser Ehe entsprossenen Sohn: Andresen, Die Maler-Radirer.
[2] Das beste Porträt des Künstlerpaares ist von G. Th. Zwinger gemalt, von A. L. Möglich 1803 gestochen. Ferner ist bekannt ein Porträt J. J. Preislers eine geistreiche Radierung von Möglich, und das Selbstporträt, in Schwarzkunst.

der freien Städte des heiligen römischen Reiches ist im Untergange — aber sie wirft noch einmal ihre Strahlen auf das Eldorado des Patriziertums. Auch Nürnberg, so lange Zeit eine der stärksten Säulen deutscher Macht, eine der fruchtbarsten Pflanzstätten deutschen Handels und Gewerbfleifses, deutscher Kunst und Wissenschaft, blieb von dem allgemeinen Mifsgeschicke, das auf der Entwickelung des deutschen Staatslebens ruhte, nicht verschont. Aber auch das innere Leben der meisten Reichsstädte erstarrte allmählich. Ein verknöchertes, aufgeblasenes, saft- und kraftloses Spiefsbürgertum war die Frucht des ersterbenden Bürgersinnes!

Preisler hat mit Vorliebe die Bildnisse Nürnberger Patrizier in Kupfer gestochen — Glieder der Geschlechter, in deren Händen die Regierung ungeteilt und unbeschränkt lag. Diese Gestalten machen nun in ihrem Äussern gerade nicht den Eindruck, als wären sie Schatten jenes alten, kräftigen Patriziertumes: von der fortwirkenden Kraft des alten, heimischen Wesens finden wir hier vielleicht doch noch eine erfreuliche Spur. Frei von affektierter Würde sind sie allerdings nicht, und die reiche, kostbare Tracht, mit welcher sie sich in Anschung ihrer ratsherrlichen Würde schmücken, beschäftigt — das ist wol schwerlich abzuleugnen — das Auge weit mehr, als die in vielen Fällen eben nicht sehr ausdrucksvollen und vielsagenden Züge der Dargestellten. Gerade die Tracht aber trägt noch eine Spur älteren Ursprunges: die Herren vom Rate hielten, soweit es die zunehmende Gewalt des Zeitgeschmackes irgend gestattete, an den altüblichen Trachten fest. Auf den Kupferstichen Preislers finden wir als hauptsächlichste Amtskleidung ein der Schaube ähnliches, vorn durchaus offenes Oberkleid mit kurzen, geschlitzten Schulterärmeln, mit Pelz gefüttert und verbrämt. Der unter der Schaube befindliche Rock und die Weste war nun allerdings den Wandlungen der Mode unterworfen. Der Rock trägt vorn auf den Schöfsen weite Taschen, manchmal Ärmelaufschläge mit grofsen Knöpfen, und ist von der Taille aufwärts nur durch wenige Knöpfe geschlossen. Er läfst also die reichgemusterte Weste blicken. Auf dem Haupte tragen die Herren die mächtige Perücke, die auf der breiten, runden, steifgefältelten Halskrause aufliegt. Die Ärmel des Hemdes zeigen Spitzenbesatz.

Eine Gnadenkette legt sich um die Schultern der Ratsherren. Als Kopfbedeckung endlich dient der kegelförmige, abgeplattete spanische Hut, mit einem der Länge nach gefalteten Samt ringsherum umzogen.

Wir geben im Folgenden die erstmalige Beschreibung der hervorragenderen Bildnisse Preislers.

1) Ernst Salomon Cyprian.

Bekannter lutherischer Theolog, Vizepräsident des Konsistoriums zu Gotha. Brustbild in ovalem Rahmen, nach rechts gewendet, in Perücke, Rock, Mantel und Bäffchen. Im Oval: ERNESTVS SALOMON CYPRIANVS THEOLOGIAE DOCT CONSILIARIVS CONSISTORIALIS ET ECCLES GOTHANVS NATVS · AO · R · CIƆIƆCLXXIII. Am Sockel ist eine Tafel mit der Aufschrift: Caelestem ac stabilem spirantia lumina pacem u. s. w. Unter dem Stichrand: C. Schilbach Effig. pinx. G. M. Preisler del. et sc. Norib. 1733.

2) Wilhelm Bernhard Berlin.

Vornehmer Nürnbergischer Kaufherr, in Kniestück, auf einem Sessel sitzend; in Perücke, Weste und offenem Rock. Der Mantel bedeckt die linke Seite; der linke Arm ruht auf dem Sessel. Unten in der Mitte das Wappen, umgeben von den Worten: Guilielmus Bernhardus Berlin Norimbergensis etc. Unter dem Stichrand: P. Decker ad viv. pinx. G. M. Preisler sc. Nor. 1737.

3) Friedrich Gustav Finckler.

Nürnbergischer Jurist, Konsulent und Assessor am Stadt- und Ehegericht, Kniestück, in der Ratsherrentracht. Mit der Linken hält er ein auf dem reichverzierten Tische stehendes Buch; auf demselben liegt auch ein Brief, ein sog. Nürnberger Ei, daneben ein Hut und ein Stofs Papiere. Unten das Wappen und die Inschrift: Fridericus Gustavus Finckler etc. Unter dem Stiche: J. L. Hirschmann Effig. pinx. G. M. Preisler sc. Nor. 1744.

4) Ullrich Sebastian Fürer.

Kaiserl. wirkl. Rat, des älteren geheimen Rates dritter oberster Hauptmann zu Nürnberg, in Kniestück, nach links gewendet. Er ist abgebildet in der Ratsherrentracht. Der linke Arm stützt sich auf den Tisch, die rechte Hand ist zum Teil in die Weste geschoben. Unten das Wappen in der Mitte, umgeben von der Inschrift: VDALRICVS · SEBASTIANVS· FVRER· AB · ET· IN· HAIMENDORFF· ET· WOLCKERSDORFF etc. Unter dem Stichrand: J. J. Preisler delineavit. J. L. Hirschmann Effigiem pinxit 1736. G. M. Preisler sculpsit. Norimb. 1754.

I. Vor der Schrift unterm Stichrand.
II. Mit der Schrift.

5) Johann Siegmund Holzschuher.

Losungsrat zu Nürnberg, nach rechts gewendet, in der Tracht der Ratsherren. Seine Linke ruht auf einer zierlichen Rococouhr, welche auf dem Tische steht. Links ein Sofa; im Hintergrunde Säulen und reicher Wandschmuck. Unten in der Mitte das Wappen, umgeben von der Inschrift: JOHANNES SIGISMVNDVS HOLTZSCHVHER AB ASCHBACH ET HARRLACH etc. Darunter: J. J. Preisler del. J. L. Hirschmann Effig. pinx. G. M. Preisler sculps. Norib. 1746.
I. Ohne die Bezeichnung: J. J. Preisler del. J. L. Hirschmann Effig. pinx.
II. Mit der vollständigen Schrift.

6) Johannes Siegmund Holzschuher.

Der geistvolle, gelehrte Nürnberger Ratsherr in Halbfigur, in einer Wendung nach links, in der Ratsherrentracht. Die linke Hand hält einen Plan, die Rechte ruht auf dem reichornamentierten Tische — auf diesem liegt auch die Zeichnung der Frauenkirche in Nürnberg, der Hut und der Fascenbündel. Im Hintergrunde Säulen. Unten: Johannes Sigismundus Holzschuher, ab Aschbach et Harrlach in Thalheim etc. In der Mitte dieser Inschrift das Wappen, darunter: J. Kupezky Effig. pinxit a. 1732. G. Mart. Preisler del. et sculpsit Nor. 1745.

7) Johanna Susanna Jentsch.

Eine ältere, stark dekolletierte Dame auf einem Sessel. Auf ihrem Haupte trägt sie ein Tuch, das Kleid ist mit reicher Stickerei geschmückt. Die rechte Hand ruht auf dem Tische, auf welchem ein Buch liegt; daneben steht eine Uhr. Unten auf der Schrifttafel: Johanna Susanna gebohrne Fritschin etc. Zu beiden Seiten der Tafel das Fritschsche und Jentschsche Wappen. Rechts unten: G. M. Preisler sculp. Nor. 1737.

8) Gustav Philipp Mörl.

Bedeutender Theolog, in Perücke, Halskrause und talarartigem Oberkleide. Die Rechte hält ein vor ihm offen auf dem Tische liegendes Buch. Unten in der Mitte das Wappen, umgeben von den Worten: GUSTAVUS PHILIPPUS MOERL. etc. Darunter: J. J. Preisler pinx. G. M. Preisler sc. Norib. 1740.
I. Ohne die Schlufsworte der Inschrift: den. F. Ascens 1. C. 1750.
II. Mit diesen Worten.

9) Gustav Georg Tetzel.

Der vornehme Nürnberger Ratsherr, in Kniestück, nach rechts gewendet. In der Amtstracht. Seine linke Hand ruht auf dem Hute, welcher auf einem reichgeschmückten Tische liegt. Im Hintergrunde rechts Säulen. Unten in der Mitte das Wappen, eingeschlossen von der

Inschrift: GVSTAVVS GEORGIVS TEZELIVS etc. Unter der Schrifttafel, im Stichrande: J. L. Hirschmann effig. pinx. G. M. Preisler del. et sc. 1733.

10) Elias Christoph Weis.

Nürnberger Jurist, Kniestück, nach rechts gewendet; in Perücke, den weiten Mantel durch den rechten Arm geschlungen. Im Hintergrunde links Säulen. Unten in der Mitte das Wappen, umgeben von den Worten: ELIAS · CHRISTOPHORVS · WEISIVS · etc. Unter dem Stichrande: G. M. Preisler sculps. Norimbergae 1750.

11) Georg Christoph Poemer.

Nürnbergischer Ratsherr in Amtstracht, Kniestück. Die Finger der linken Hand legen sich in die Weste; die Rechte hält den spanischen Hut an die Seite. Im Hintergrunde architektonischer Schmuck. Unten in der Mitte das Wappen, umgeben von der vierzeiligen Schrift: Georgius Christophorus Poemer, a Diepoltsdorff etc. Unter dem Stichrande: Georg Martin Preisler ad viv. del. et sculpsit Norib. 1736.

12) Johann Wilhelm Widmann.

Bekannter Nürnberger Arzt, sitzend, Kniestück, den Kopf etwas nach links gewendet. Die Perücke von mäfsigem Umfange, der Rock geöffnet, die reich gemusterte Weste bis zu den Knieen verlängert. Die linke Hand ruht auf dem Tische, der Briefe und Bücher, sowie den dreieckigen Hut und den Spazierstock mit dem schmuckvollen Knopfe trägt. Die Rechte stützt sich in die Seite. Im Hintergrunde zwei grofse Statuen in Nischen, links eine Vase. Unten eine Schrifttafel mit den Worten: IOANNES · GVILIELMVS · WIDMANN · M · D · etc. Die Schrift ist von zwei Wappen eingeschlossen. Unter dem Stichrand: P. Decker pinxit. G. M. Preisler sculpsit Nor. 1753.

13) Anna Magdalena Widmann.

Dessen Gattin, eine Tochter des Nürnberger Apothekers Engelland, in Kniestück, sitzend, den Kopf nach rechts gewendet. In weitem Überkleide, das an der Schulter befestigt ist. In der linken Hand hält sie Blumen. Rechts steht ein Tisch, auf dem sich eine Uhr befindet. Im Hintergrunde architektonischer Schmuck: rechts Säulen, links eine Vase. Unten: FRAV ANNA MAGDALENA WIDMAENNIN etc. Zu beiden Seiten die Wappen der Familien Widmann und Engelland. Unter dem Stichrand: P. Decker pinx. 1738. Ge. Mart. Preisler sc.

14) Johann Sigmund Pfinzing.

Der Nürnberger Ratsherr und vorderste Landpfleger; Kniestück. In Amtstracht. Die mit Stulphandschuh bekleidete Linke, deren Finger den Handschuh der Rechten tragen, hält den aufgesteiften Hut an die

Seite. Auf dem Tische links ein Plan, ein Buch und die Zeichen der Würde als Septemvir. Unten: Johannes Sigismundus Pfinzing ab et in Henfenfeld etc. In der Mitte der Schrift das Wappen. Unterm Stiche: P. Decker pinx. et delin. G. M. Preisler sc. 1730.

15) Johann Wilhelm von Poemer.

Der Nürnbergische Ratsherr, in Kniestück; in Amtstracht, einen Brief in seiner Rechten haltend. Rechts steht ein Tischchen, auf welchem Bücher ruhen; der spanische Hut ist teilweise sichtbar. Unten auf der Schrifttafel: Johannes Guilielmus de Poemer etc. In der Mitte der Tafel das Pömersche Wappen. Darunter die Worte: Nat. d. 25. Octobr 1671. Den. 16. Nov. 1729. G. M. Preisler ad viv. del. et sculp.

16) Johann Jacob Baier.

Der seiner Zeit bekannte Arzt. Als Rektor der Universität zu Altdorf. Im Kniestück, nach links blickend. Die rechte Hand liegt auf den Insignien seiner akademischen Würde, die linke stützt er in die Seite. Im Unterrand in der Mitte das Wappen, umgeben von den Worten: IO. IACOB. BAIERVS etc. Georg. Mart. Preisler ad viv. del. et sculpsit. Noribergae.

17) Christoph Daniel Beurer.

Der Nürnberger Spitalapotheker, in halber Figur. Seine Linke ruht auf einem aufgestellten offenen Buche; in der Rechten, welche den Tisch berührt, hält er eine Pflanze. Auf dem Tische befinden sich zwei auf Papier aufgezogene getrocknete Kräuter. Unten stehen die Worte: CHRISTOPHORVS DANIEL BEVRER etc. In der Mitte des Randes das Wappen. Unter dem Stichrand: G. M. Preisler del. et sc. Nor. 1745.

18) Sigmund Friedrich Behaim von Schwarzbach.

Der Kriegsrat des fränkischen Kreises, Ritter des römischen Reichs, des älteren geheimen Rats und Kriegs Herr zu Nürnberg. Kniestück. In der Tracht des Nürnbergischen Senators. Seine Rechte deutet auf das im Hintergrunde geöffnete Zeughaus; die Linke ruht auf dem Tisch. Unten: SIGISMVNDVS. FRIDERICVS. BEHAIM. DE. SCHWARZBACH etc. In der Mitte der Schrift das Behaimsche Wappen. Unter dem Stichrande: J. J. Preisler del. J. L. Hirschmann Effig. pinx. G. M. Preisler sculps. Norib. 1748.

19) Lazarus von Imhof.

Amtmann des Nürnbergischen Waldes St Laurentii, Oberrichter des kais. Forstgerichts, in Kniestück. Auf einem Sessel rechts sitzend, die Perücke auf dem Haupte. Der Rock mit reichen gestickten Besätzen längs den Rändern der Öffnung und an den Armen, eben so geschmückt die Weste. Die mit dem Handschuh bekleidete Linke hält den mit einer Handschnur versehenen Stock zwischen den Beinen. Der dreieckige Hut, Bücher und Pläne liegen links auf dem Tische, auf welchem auch die rechte Hand ruht. Im Hintergrunde der Blick auf das Besitztum Imhofs und die ihm anvertrauten Wälder. Unten: Lazarus ab Imhoff etc. In der Mitte der fünfzeiligen Schrift das Wappen. Unter dem Stiche: J. D. Preisler del. J. M. Schuster Effig. pinx. G. M. Preisler sc. Nor. 1735.

20) **Johann Hieronymus Loeffelholz.**

Nürnberger Jurist und Senator, in Kniestück. Links auf einem Sessel sitzend, in Amtstracht. Der kegelförmige Hut liegt auf dem bedeckten Tische. Der linke Arm ruht auf der Lehne, während die Rechte auf das im Hintergrunde sichtbare Gemälde zeigt. Unten: Joannes Hieronymus Loeffelholz a Colberg etc. In der Mitte der fünfzeiligen Schrift das Wappen. Unter dem Stiche: J. D. Preisler delineavit. J. M. Schuster Effig. pinx. 1714. G. M. Preisler sculps. Norib.

21) **Anna Catharina von Scheidlin.**

Junge Dame nach rechts gewendet, Kniestück. Sie trägt ein an der Schulter befestigtes Überkleid — einen Rückenmantel ohne Ärmel. Das Leibchen ist tief ausgeschnitten, die faltigen Halbärmel sind mit Rosetten geschmückt. In der rechten Hand hält sie ein Blumenkörbchen, in der linken eine Blume. Auf dem Tische vor ihr rechts liegen Rosen. Auf der Schrifttafel unten das Wappen, umgeben von den Worten: ANNA · CATHARINA · VON · SCHEIDLIN · GEBOHRNE · PREVIN etc. Unten: J. Kupezky Effig. pinxit. Ge. Mart. Preisler del. et sculpsit. Norib.
I. Ohne die Bezeichnung des Malers und Stechers.
II. Mit der Schrift.

22) **Johann Heinrich Russe.**

Nürnberger Bankier und Genannter des gröfseren Rates, Kniestück. In Perücke, weitem Mantel, Rock und gemusterter Weste. Mit der Rechten hält er den faltigen Überwurf zusammen. In der Mitte unten das Wappen. Die fünfzeilige Schrift beginnt: JOHANN HEINRICH RVSSE etc. Unter dem Stiche: G. M. Preisler del. et sc. Norib.

23) **Johann Christoph von Ochsenstein.**

Vornehmer Frankfurter Ratsherr, Direktor des Konsistoriums, Kniestück. In grofser Perücke, Bäffchen, Gnadenkette mit Medaille. Die linke Hand stützt sich in die Seite, den Mantel haltend; die rechte ruht auf dem dreieckigen Hute. Links das Wappen. Unten achtzeilige Schrift: IOANNES CHRISTOPHORVS AB OCHSENSTEIN etc. Unterm Stiche: F. Lippoldt pinx. G. M. Preisler sc. 1738.

24) **Carl Wilhelm von Woelckern.**

Nürnberger Jurist, Konsulent des Banko- und Appellationsgerichtes, Kniestück. In Amtstracht. Die Linke stützt sich in die Seite, während die Rechte den spanischen Hut hält. Im Hintergrunde architektonischer Schmuck. Unten: CAROLVS GVILIELMVS DE WOELCKERN etc. In der Mitte der fünfzeiligen Schrift das Wappen. Unterm Stichrande: Joh. Just. Preisler del. G. M. Preisler sculp. Norimb. 1750.

25) Jonas Paul Wurster.

Nürnberger Kaufmann, in Kniestück, nach links gewendet. In Perücke, weitem Mantel, Rock mit Ärmelaufschlägen. Die rechte Hand ruht auf dem Tisch. Im Hintergrunde rechts ist eine Pyramide sichtbar. Unten: Jonas Paulus Wurster Mercator Norimbergensis etc. In der Mitte der Schrift das Wappen. Im Stichrande: Joh. Mart. Schuster pinx. G. M. Preissler sc. Norib. 1727.

26) Johann Jacob Silberrad.

Nürnberger Rechtskonsulent, in Kniestück. Nach rechts gewendet. In Amtstracht. Die linke Hand ruht auf dem vor ihm stehenden Tische, auf welchem auch der hohe, aufgesteifte Hut liegt. Die sechszeilige Schrift, in deren Mitte sich das Wappen befindet, beginnt: IOHANNES IACOBVS SILBERRAD etc. Unter der Schrift: J. M. Schuster pinxit. G. M. Preisler sc. Norib. 1729.

27) Johann Martin Linck.

Nürnberger Rechtskonsulent, in Kniestück. Nach rechts gewendet. In Amtstracht. Der rechte Arm ruht auf einem Postamente, die Linke auf dem Tische. Im Hintergrunde Säulen. Unten in der Mitte der fünfzeiligen Schrift das Wappen: IOHANES MARTINVS LINCK etc. Im Stiche: Hirschmann pinxit. G. M. Preisler del. et sc. Norimb. 1728.

28) Philipp von Stosch.

Der berühmte Kunstkenner nach der Büste Bouchardons. Mit der Schrift: Imago Philippi de Stosch etc. Ab E. Bouchardon Gallo e marmore exculpta Romae 1727. J. J. Preisler del. G. M. Preisler sc.

29) Campiglia.

Nach rechts gewendet, mit der Reifsfeder in der Rechten. G. M. Preisler sc. Norib. 1740.

30) Van der Neer.

In grofser Perücke. Er hält mit der Linken eine kleine mythologische Landschaft. Campiglia delin. G. M. Preisler sc. Nor. 1739.

Für das Florentiner Galeriewerk.

31) Albrecht Dürer. Feretti del. G. M. Preisler sc. I. Vor der Schrift.
32) Rafael. Campiglia delin. G. M. Preisler sc. 1741. I. Vor der Schrift.
33) Rubens. Campiglia del. G. M. Preisler sc. Nor. 1737. I. Vor der Schrift.

In Schwarzkunst:
34) Georg Daniel Heumann.
Zeichner und Kupferstecher. Brustbild in ovalem Rahmen, nach links gewendet. Auf dem Sockel: Mein Heumann, welchem mich etc. Unten: Georg Martin Preisler ad vivum del. et scul. Norib.

Von Georg Martin Preisler ist ferner bekannt:
35) Cosmus II. empfängt seine Generale nach der Einnahme von Bona. B. Franceschini.
36) Die Zeit enthüllt und entführt die Wahrheit. Marmorgruppen des A. Corradini und P. Balestra in Dresden. Nach J. J. Preislers Zeichnung. 2 Blätter.
37) Die vier Elemente. Bouchardon inv. et del. 4 Blätter.
38) Johann Gaston Medices, Grofsherzog von Toscana, und seine Gemahlin. 2 Blätter.
39) Italienische Bettler. 24 Blätter.
40) Apollo mit der Schildkröte. (Florent. Galerie.) Fol.
41) Apollo. (Florent. Galerie.) Fol.
42) Die mediceische Venus. (Florent. Museum.) Fol.
43) Venus im Bade. (Marbres antiq. de Dresde.) Fol.
44) Merkur. (Marbres antiq. de Dresde.) Fol.
45) Bacchus. (Florent. Museum.) gr. Fol.
46) Silen. (Marbres antiq. de Dresde.) Fol.
47) Merkur. (Marbres antiq. de Dresde.) Fol.
48) Vertumnus. (Marbres antiq. de Dresde.) Fol.
49) Abundantia. (Marbr. antiq. de Dresde.) Fol.
50) Meleager. (Pal. Barberini.) gr. Fol.
51) Erato. (Pal. Barberini.) gr. Fol.
52) Erato. (Museum Polignac.) gr. Fol.
53) Euterpe. (Pal. Borghese.) gr. Fol.
54) Bacchantin mit dem Panther. (Florent. Museum.) gr. Fol.
55) Marc Aurel. (Marbres antiq. de Dresde.) gr. Fol.
56) Der siegende Ringkämpfer mit dem Salbengefäfse. (Flor. Mus.) Fol.
57) Moses. Nach Michelangelo. Fol.
58) Bacchus. Nach Michelangelo. Fol.
59) Herkules und Nessus. Nach der Gruppe des Gio. da Bologna in Florenz. gr. Fol.
60) Der farnesische Herkules. gr. Fol.
61) Herkules. 3 Blätter. gr. Fol.

Am 12. Juni 1707 wurde dem Johann Daniel Preisler seine Tochter Barbara Helena geboren. Unter der Anleitung ihres Vaters entwickelten sich ihre künstlerischen Anlagen rasch. Schon in früher Jugend malte sie, stach in Kupfer und verfertigte viele künstliche Gegenstände in Wachs, Elfenbein und

Alabaster. Sie war aber auch Dichterin und trug als solche den Ordensnamen Erone. In erster Ehe war sie mit dem Maler Lang verheiratet, in zweiter mit dem bekannten Braunschweiger Hofmaler Oeding. Unter ihren Radierungen ist der grofse Prospekt von Altona am bekanntesten geworden. Sie starb zu Braunschweig 1759, ihr Gatte am 9. März 1781.

Am 14. März 1715 war wieder ein Sohn Johann Daniel Preislers, Johann Martin, zur Welt gekommen. Im älterlichen Hause lernte er anfänglich unter der Aufsicht seines Vaters zeichnen, später unter der Leitung seines Bruders Georg Martin Kupferstechen. Die Fortschritte, welche er in der so emsig gepflegten Kunst machte, scheinen zu grofsen Hoffnungen berechtigt zu haben; denn die ersten Proben seiner Fertigkeit waren so vielverheifsender Natur, dafs 1739 Laurent Cars in Paris den jungen Kupferstecher zu sich berief. Es war dies ein ganz entschiedener Erfolg, denn Cars zählte zu den beliebtesten Kupferstechern seiner Zeit. In Paris eröffnete sich daher dem jungen Künstler eine reiche Thätigkeit: in Gemeinschaft mit Schmidt und Wille arbeitete er für das Versailler Galeriewerk. Wie die ersten Kupferstecher jener Tage, so stach auch Preisler nach Hyacinth Rigaud, und zwar das Bildnis des Kardinals Bouillon in ganzer Figur mit allegorischem Beiwerk. Als Preisler 1744 nach Deutschland zurückzukehren gedachte, wurde er von dem König von Dänemark nach Kopenhagen berufen und zum Hofkupferstecher ernannt. An der später gegründeten Maler-, Bildhauer- und Baukunstakademie wirkte er unter dem Direktor Johannes Wiedewelt als erster Professor der Modellschule mit dem Range eines wirklichen Justizrates. Aufserdem war er auch Mitglied und Rat der kaiserlichen Akademie der schönen Künste zu Augsburg.

An der Kopenhagener Akademie[1]) entfaltete eine Reihe von Lehrern eine Thätigkeit, denen im Handwerklichen der Kunst eine grofse Erfahrung zur Seite stand. Der Hofbildhauer Professor Weidenhaupt war ein Mann von bedeutendem, auch anatomischem Wissen. Der einzige namhafte Bildhauer war aber der erwähnte Johannes Wiedewelt. Von dem Talente

---

[1]) Vergl. S. 44, ferner C. Nyrop, Études sur l'industrie danoise.

dieses hegte Winckelmann grofse Erwartungen — durch ihn hoffte er seine kunstreformatorischen Ideen verwirklicht zu sehen, aber seine Arbeiten blieben doch auch in den Formen des herrschenden Manierismus befangen. Der angesehenste der Professoren der Kopenhagener Akademie war Professor Abildgaard, der als Historienmaler nicht geringen Ruf besafs und mit Pinsel und Palette trefflich Bescheid wufste. Zu ihnen gesellte sich Preisler, der als einer der bedeutendsten Kupferstecher an den Errungenschaften der früheren glänzenden Kunstepochen festhielt. Seine Arbeiten sind sehr zahlreich.

Die „Geschichte der Könige von Dänemark aus dem Oldenburgischen Stamme durch Johann Heinrich Schlegel" brachte die Bildnisse nach den Originalen, gestochen von Johann Martin Preisler. König Friedrich V., dessen Kunstliebe wir bereits gewürdigt haben, wollte auch seinen Vorfahren aus dem oldenburgischen Stamme ein Denkmal errichten. Weil sich nun Preisler vornehmlich den „historischen Stücken" widmete, wurde zuerst der junge Kupferstecher Lode mit der künstlerischen Ausstattung des Werkes betraut. Nach dem Tode Lodes, der sich der Aufgabe keineswegs gewachsen gezeigt hatte, übernahm Preisler die Fortführung der Arbeit selbst und stach nach und nach die Porträts der Könige aus dem oldenburgischen Stamme.

Als ein Meisterwerk Preislers gilt die Reiterstatue König Friedrichs V. von Dänemark, jenes grofse auf zwei Platten gestochene Blatt, das er im Auftrage der asiatischen Kompagnie ausführte. Aus der Behandlung des Kupferstiches ersieht man deutlich, dafs der Meister nicht die in Erz gegossene Bildsäule, sondern das Gypsmodell vor Augen hatte. Dadurch hat aber der Stich ungemein an Klarheit gewonnen.

Ein bemerkenswertes Unternehmen Preislers ist die Herausgabe der bedeutendsten historischen und religiösen Gemälde der Kopenhagener Galerie in Kupferstichen: er begann mit dem Blatte: L'apparition à St. Pierre nach Guido Reni. Petrus hebt seine gefesselten Hände zu dem Engel empor, der sich zu ihm herabneigt und mit der einen Hand gen Himmel weist.[1]

---

[1] Kopie von Joh. Heinr. Klinger. 1788.

Unter den übrigen Arbeiten Johann Martin Preislers nennen wir kurz folgende:

1) Christianus VI., Rex Daniae et Norvegiae etc. Ganze Figur in Landschaft. Nach J. S. Wahl. 1747. gr. Fol.
2) Cosmus III. gr. Fol.
3) Dessen Gemahlin. gr. Fol.
4) Charlotte Amalie von Plessen. Nach J. S. Wahl. gr. Fol.
5) Johannes Gramius, Regis Historiographus. Nach J. S. Wahl. Fol.
6) Jacobus Benzelius, Episcopus Upsal. 1751. Brustbild in Oval. Fol.
7) Johann Wiedewelt, dänischer Bildhauer. Nach P. Als. Fol.
8) Friedrich, Erbprinz von Dänemark. Nach C. Hoyer. Fol.
9) Fr. Gabr. Resewitz, Abt des Klosters Bergen. Nach eigner Zeichnung. gr. Fol.
10) Joachim von Wasserschlebe. Nach einer Büste von Saly. 1754. Fol.
11) Baltasar Münter. Brustbild in Oval. Nach eigner Zeichnung. 1775. Fol.
12) Ch. F. Gellert. Brustbild. Nach rechts gewendet. Nach A. Graff. Fol.
13) Johann Andreas Cramer. Brustbild. Nach eigner Zeichnung. Fol.
14) Johann Friedrich Struensee. qu.
15) F. G. Klopstock. Nach Juel. 1780. Fol.
16) Martin Luther. (Zu Cramers Ode.) 1770. Fol.
17) Maria Mater Gratiae. Nach Rubens. Fol.
18) St. Gregorius und St. Cäcilia. Nach Rubens. Fol.
19) Laban sucht seine Götzen. Nach Cazes. Qu.-Fol.
20) David und Abigail. Nach G. Reni. Qu.-Fol.
21) Davids Triumph über Goliath. Nach F. Trevisani. Gr.-qu.-Fol.
22) Jonas predigt den Ninivitern. Nach S. Rosa. gr. Fol.
23) Die Madonna della Sedia. Nach Rafael. 1784. Fol.
24) Die Madonna della scodella. 1762. Fol. (Schwarzkunst.)
25) Christus sinkt unter der Last des Kreuzes. Nach P. Veronese. (Für das Dresdner Galeriewerk.) 1752. Gr.-qu.-Fol.
26) Ninus und Semiramis. Nach G. Reni. (Für das Dresdner Galeriewerk.) 1755. gr. Fol.
27) Loth und seine Töchter. Qu.-Fol.
   I. Ohne Wappen.
   II. Mit demselben.
28) Die Anbetung der Hirten. Nach C. Vanloo. Qu.-Fol.
29) Das Urteil Salomons. Preisler inv. et sc. Roy.-Qu.-Fol.
30) Ganymed. Nach J. B. M. Pierre. 1743. Fol.
31) Bacchanal. Nach J. B. M. Pierre. 1752. Qu.-Fol.
   I. Ohne Schrift.
   II. Mit derselben.
32) Der Kopf eines Triton und des Vulkan. Zwei Blätter nach Rafael. qu.

33) L'heureuse rencontre. Nach eigner Zeichnung. (Mit Dedikation an Wille.) kl. Fol.
34) Graf von Thott erhält in Gannoe die Ordre des Königs. Octav.
35) Reitergefecht. Nach J. Parrocel. Qu.-roy.-Fol.
 I. Ohne alle Schrift.
 II. Mit derselben.
36) Allegorische Darstellung der Inoculation der Gräfin von Bernstorf. Fol.

Die Kupferstiche Joh. Martin Preislers sind zum gröfsten Teile geistreich und fein ausgeführt — namentlich in seinem Mannesalter reiften die Früchte seines künstlerischen Strebens, der begeisterten Hingabe an die Kunst. Wir dürfen, auch wenn wir uns gestehen müssen, dafs Preisler zu denen zählt, die den Manierismus der Zeit mit virtuoser Geschicklichkeit vertreten, dennoch nicht über seine Kunst abfällig urteilen. Seine Zeitgenossen haben ihn gefeiert und verherrlicht — und dies nicht grundlos: Preisler verstand es, die jener Zeit zu Gebote stehende ganze Erbschaft der früheren Jahrhunderte seiner Kunst dienstbar zu machen. Freilich — heute sind es nur wenige, die ihn kennen. Und doch verdient sein Name — auch wenn wir von seinem ganzen künstlerischen Wirken absehen würden — erhalten zu bleiben, weil er durch eine That in den Entwickelungsgang eines Künstlers eingegriffen, von dessen Lehrern sich kein einziger rühmen kann, durch seinen Unterricht auf sein Künstlerleben bemerkbaren Einflufs ausgeübt zu haben.

An der Kopenhagener Akademie stand die Konkurrenz um die kleine goldene Medaille bevor. Carstens hatte die Akademie verlassen, ohne diesen Preis gewinnen zu können. Nach langem Zögern und unlustigem Bedenken stellte sich am 1. Juni 1791 Bertel Thorwaldsen bei der Mitbewerbung ein. Er empfing in seiner Zelle die Aufgabe: die Vertreibung Heliodors aus dem Tempel. Der nächste Teil der Aufgabe war für Thorwaldsen der widerwärtigste: er durfte die Loge nicht verlassen, ohne eine skizzierte Komposition geliefert zu haben. Von dieser Skizze hing es ab, ob der Schüler zur Bewerbung überhaupt zugelassen werden sollte. Thorwaldsen soll seine Loge ziemlich reich mit Spirituosen versehen gehabt haben, um sich durch Branntweingenufs in eine gehobenere Stimmung zu versetzen. Als dies nun auf solche Weise gänzlich mifslang, schlich er sich fort, entschlossen, sich nicht weiter um Akademie und

Medaillen zu kümmern. Aber im Thorwege des Akademiegebäudes trat ihm der greise Professor Preisler entgegen. Er erkannte den Flüchtling und drang in ihn: Thorwaldsen bekannte seine Mutlosigkeit — aber es gelang Preisler, den jungen Künstler zur Erkenntnis seiner thörichten Handlungsweise zu bringen. Die Worte des betagten Lehrers wirkten, Thorwaldsen kehrte in seine Loge zurück und hatte in vier Stunden seine Skizze vollendet. Das nach derselben vollendete Basrelief erhielt am 15. August 1791 die goldene Medaille. Aber er gewann durch diese Arbeit nicht allein eine Prämie, die ihn um einen Schritt näher nach Italien führte — sie verschaffte dem immerfort noch in drückender Armut lebenden Jüngling seinen ersten Gönner, den Grafen von Reventlow.[1])

Johann Martin Preisler hatte sich 1748 mit der Jungfrau Anna Sophia Schuckmann, der Tochter eines Rostocker Universitätsprofessors, vermählt. Diese Ehe war mit zwei Kindern, einem Sohne und einer Tochter, gesegnet. 1786 schmückte der Grofsfürst von Rufsland die Brust Preislers mit einer goldenen Medaille, welche das Bildnis des Fürstenpaares trug. Geehrt und gefeiert von allen, verschied er zu Kopenhagen am 17. November 1794.[2])

Der jüngste der Söhne J. D. Preislers war Valentin Daniel, geboren am 18. April 1717. Ursprünglich dazu bestimmt, Weltweisheit zu studieren, wurde er von seinem Bruder, dem Arzte Dr. Christoph Wilhelm Preisler, unterrichtet. Später hörte er philosophische und mathematische Vorlesungen an der Altdorfer Hochschule. Allein der gelehrte Beruf entsprach seiner Neigung nicht: seine Sehnsucht nach der Kunst liefs alle Bedenken verstummen, die von Seite seiner Verwandten gegen die Wahl des neuen Berufes laut wurden. Von Bernhard Vogel, der sich damals in Nürnberg aufhielt, nahm er Unterricht in der Schwarzkunst und ging, um sich darin noch weiter auszubilden, mit diesem nach Augsburg. Vogel hatte begonnen, die Gemälde Kupetzkys in schwarzer Kunst zu stechen, wurde aber bei dieser Arbeit vom Tode überrascht. Joh. Justin und

---
[1]) Thiele, Thorwaldsens Leben. Leipzig 1856.
[2]) Sein Bildnis hat sein Freund J. G. Wille 1743 gezeichnet und gestochen.

Valentin Daniel Preisler erwarben die vollendeten Platten, welche bereits dem Untergange geweiht waren. Der letztere setzte die Vogelsche Arbeit fort, teilte das Werk in sechs Teile und fertigte einen Ziertitel dazu, der die „schwarze Kunst" darstellt. Das ganze Werk umfafst 73 Bildnisse — in den fünf ersten Abteilungen sind sieben, in der sechsten die sämtlichen Portraits von Valentin Daniel gestochen. Nachdem er diese Arbeit glücklich zu Ende geführt hatte begab er sich zu seinem Bruder Johann Martin nach Kopenhagen. Hier wollte er offenbar noch von der akademischen Lehre geniefsen. Zwei Jahre blieb Valentin Daniel bei seinem Bruder. Nach seiner Zurückkunft heiratete er die Jungfrau Anna Sophia, die Tochter des Kantors Wolfgang Melchior Volland. Die erste Arbeit, welche ihm nun übertragen wurde, war die Ausführung der von J. C. Füssly gezeichneten Porträts der Züricher Konsuln. Mit Ausnahme der ersten sechzehn und der letzten sind die sämtlichen Bildnisse von seiner Hand gestochen — auffallenderweise aber tragen sie den Namen S. Walch. Aufserdem setzte er das dänische Galeriewerk, welches er in Kopenhagen begonnen, fort und liefs einige Blätter davon in schwarzer Kunst erscheinen. Die siebzehn Kupfertafeln zu Wills „Denkwürdigkeiten der Universität Altdorf" sind ebenfalls von ihm gestochen. Val. Daniel starb am 8. April 1765, an einem Tage mit seiner Schwägerin Susanna Maria. —

Die Schabkunst auf dem Gebiete des Kupferstiches ist freilich ein untergeordneter Zweig; dennoch wüfsten wir, wie Anton Springer[1]) betont, keine andere Kupferstichtechnik zu nennen, die sich so vortrefflich eignete, die Gestalten des achtzehnten Jahrhunderts, die Männer ohne Mark in den Knochen, ohne Kraft in den Muskeln, die chiffonirten weiblichen Schönheiten mit dem Puder im gelockten Haare, dem Hauch der Schminke auf den Wangen, diese flüchtigen Blumennaturen, treu in der Kunst abzuspiegeln.

Aus dem reichen Schwarzkunstwerke Preislers heben wir folgende bisher nirgends beschriebene Bildnisse[2]) hervor:

---
[1]) Bilder aus der neueren Kunstgeschichte. 1867.
[2]) Über den Standpunkt, von dem aus die meisten Porträts aufgefafst sind: Falke, Geschichte des modernen Geschmacks. 1880. S. 230 ff.

1 Georg Andreas Will.

Der bekannte Altdorfer Professor, in Kniestück. Auf seinem Haupte eine kleine Perücke mit langen Schulterlocken. Im Rock mit Ärmelaufschlägen und weitem Mantel. Der linke Arm ruht auf einem Sessel, in der Hand hält er ein Blatt: „Bibliotheca Norica". Unten: Georgius Andreas Willius etc. Unter der fünfzeiligen Schrift: Joh. Eberh. Ihle pinx. Val. Dan. Preisler sc. 1764.

2) Wolfgang Melchior Volland.

Kantor zu Nürnberg, in Kniestück, nach links gewendet. In Perücke, Bäffchen, Mantel und Rock. Sein rechter Arm ruht auf einem Tisch, auf welchem ein aufgeschlagenes Meßbuch steht. In der rechten Hand hält er eine Rolle. Unten: Wolfgang Melchior Volland etc. Die Schrift mit Widmung Preislers an seinen Schwiegervater umfaßt sieben Zeilen. Links unten: J. Martin Schuster effigiem pinx. 1730. Rechts: Val. Dan. Preisler sculps. Norimb. 1750.

3) Johannes Franziskus Ermels.

Der Maler, Zeichner und Kupferätzer. Brustbild in Oval, nach links gewendet. Das Haupthaar fällt in langen Locken auf die Schultern. Unten: JOHANNES FRANCISKVS ERMEL (sic!) ad Coloniam Agrippinam An. 1611 natus etc. Im Stichrande: Dan. Preisler pinx. Valent. Dan. Preisler sc.

4) M. Gottfried Engelhard Geiger.

Rektor der Schule zu St. Sebald. Brustbild in ovalem Rahmen, auf einem Sockel stehend. In Perücke, Mantel und Bäffchen. In der rechten Hand hält er ein Buch. Im Oval: G. GOTTFRIEDT ENGELHARDT GEIGER DER SCHVL ZV S SEBALD RECTOR etc. Die Schrifttafel auf dem Sockel ist leer. Unten: Val. Dan. Preisler fecit. Nor.

5) Christian Wolf.

Marburger Professor, nach rechts gewendet. Auf dem Haupte die Perucke; in den weiten Mantel gehüllt. Die rechte Hand ruht auf einem auf dem Tische stehenden Buche. Im Hintergrunde eine Säule mit Vorhang. Unten die siebenzeilige Widmung: CHRISTIANO WOLFIO . . . . . D D D Valent. Dan. Preisler.

6) Karl Heinrich Graun.

Musiker. In Perücke, Rock mit reicher Stickerei und gemusterter Weste. Die Finger der rechten Hand ruhen in der offenen Weste. Unter dem linken Arme hält er den dreieckigen Hut. Unten: CAROLVS HENRICVS GRAVN etc. in zehnzeiliger Schrift. Sodann: A. Möller pinx. V. D. Preisler sc. et exc. Nor. 1752.

7) Susanna Maria Preisler.

Die berühmte Gemmenschneiderin, halbe Figur, nach rechts gewendet. Sie steht an einem Tische, auf welchem sich in einem Schränkchen die Gemmensammlung befindet. Die rechte Hand ist im Begriffe, eines der Fächer herauszuziehen, während die erhobene Linke eine Gemme zwischen den Fingern hält. Rechts in der Wand eine Statue, umgeben von antiken Köpfen und Darstellungen. Unten: SVSANNA MARIA CHRISTOPH DORSCHEI PRAESTANTISSIMI GEMMARVM CAELATORIS FILIA etc. Jo. Just. Preisler pinxit. Val. Dan. Preisler sculpsit.

8) Anna Catharina Sichart von Sichartshofen.

Halbe Figur, von vorn, mit Perücke, in weitem Mantel. Über die rechte Schulter liegt ein Pelz. Das Leibchen ist tief ausgeschnitten. Die Linke berührt den Tisch. Unten: ANNA CATHARINA JOHANNIS CHRISTOPHORI ENGELLANDII FILIA etc. In der Mitte der achtzeiligen Schrift die Wappen. Im Stichrande: Joh. Justin Preisler pinx. Val. Dan. Preisler sculps.

9) Barbara Sichart von Sichartshofen.

Halbe Figur, etwas nach links gewendet, mit lockigem Haar, in Mantel und Leibchen mit Halbärmeln. Der rechte Arm stützt sich auf einen Tisch; die Hand hält den faltigen Überwurf zusammen. Im Hintergrunde rechts der Blick auf eine Landschaft. Unten das Wappen der Familien Sichart und Hofmann, umgeben von siebenzeiliger Schrift: BARBARA IOH. HOFMANNI ILLVSTR. REIPVBL. NORIMB..... FILIA etc. Im Stichrande: Joh. Justin Preisler del. Val. Dan. Preisler sculps.

10) Barbara Helena Oeding.

Brustbild, nach rechts gewendet. In ovalem Rahmen, zwischen zwei Säulen. Der Kopf von einem Häubchen bedeckt. Unten: BARBARA HELENA PH. OEDINGI PICTORIS VXOR etc. — sechszeilige Schrift. Im Stichrande: Phil. Guil. Oeding ad. viv. pinx. Val. Dan. Preisler sculp.

11) Georg Martin Preisler.

Brustbild, nach links gewendet. In ovalem Rahmen. Auf einem Sessel sitzend; in Perücke, Mantel und Rock. Die Rechte hält eine Zeichnung und die Reifsfeder. Unten vierzeilige Schrift: Georgius Martinus Preisler etc. Im Stichrand: Phil. Guil. Oeding pinx. 1738. Val. Dan. Preisler sc. 1756.

12) Joachim Daniel Preisler.

Königlicher Brandmajor in Kopenhagen. Brustbild in einem ovalen Rahmen, nach rechts gewendet, in Perücke, Rock und Weste. Auf der Schrifttafel des Sockels: JOACHIM DANIEL PREISLER Rei incendiaris Hafn. Praefectus Nat. A. MDCLXXX. d. 28. Novembris. Unten am Sockel: La Croix pinx: Val. Dan. Preisler sculp.

13) Johann Justin Preisler.

Selbstporträt des Meisters in Kniestück. Auf einem Stuhle vor seiner Staffelei sitzend; er ist mit der Ausführung eines Gemäldes, des Kopfes eines bärtigen Mannes, beschäftigt. Auf dem Haupte eine Mütze. In der rechten Hand, deren Arm auf der Lehne des Stuhles ruht, hält er den Pinsel. Unten: JOHANNES JUSTINUS PREISLER etc. Unter der vierzeiligen Schrift: Se ipse pinx. Val. Dan. Preisler sculp.

14) Johann Friedrich Starck.

Evangelischer Prediger zu Frankfurt a. M. Kniestück, nach rechts gewendet. In Perücke, Halskrause und talarartigem Oberkleide. Auf dem Tische vor ihm liegt ein aufgeschlagenes Buch, daneben steht ein anderes. Unten: Johann Friedrich Starck u. s. w. Nach der dreizeiligen Schrift: F. Lippoldt pinx. 1745. Val. Dan. Preisler sculps.

15) Johann Christoph von Imhof.

Wirklicher geheimer Rat und Landpfleger zu Nürnberg. In Kniestück, nach links gewendet. Auf einem Sessel sitzend; in Perücke, reichgesticktem Rock und Weste. Ein Mantel schlingt sich über die Kniee, über Schulter und Rücken. Mit der rechten Hand hält er ein Buch auf seinem Schofse; die Linke ruht auf der Rechten. Links ein Tischchen, auf welchem eine Uhr und Bücher stehen. Im Hintergrunde eine durch einen Vorhang halbverdeckte Säule. Unten: IOHANNES · CHRISTOPHORVS · AB · IMHOFF · IN · MERLACH etc. In der Mitte der siebenzeiligen Schrift das Wappen. Darunter: N. Hirschmann effig. pinx. Val. Dan. Preisler sc. Nor. 1754.

16) Christoph Gottlieb Scheurl.

Nürnberger Senator. In Kniestück, nach rechts gewendet. In Amtstracht. Die Rechte hält eine Zeichnung; eine andere liegt auf dem rechts stehenden Tischchen — auf dieser ruht die Linke. Unten: CHRISTOPHORVS · GOTTLIEB · SCHEVRL etc. In der Mitte der fünfzeiligen Schrift das Wappen. Darunter: J. J. Preisler Acad. Pict. Dir. pinx. Val. Dan. Preisler sc. Norimb. 1765.

17) Adam Rudolf Kress von Kressenstein.

Nürnberger Senator, in halber Figur, etwas nach rechts gewendet. In Amtstracht. Die linke Hand ruht auf dem eine ·Uhr tragenden Schrein; daneben liegt der spanische Hut. Unten: ADAMVS RUDOLPHVS KRESS A KRESSENSTEIN etc. In der Mitte der fünfzeiligen Schrift das Wappen. Unter der Schrifttafel: J. L. Hirschmann effig. pinx: Val. Dan. Preisler sculps.

18) Christoph Friedrich Imhof.

Nürnberger Senator, in halber Figur, etwas nach rechts gewendet. In Amtstracht. Die rechte Hand stützt sich in die Seite, während die linke auf die im Hintergrunde in Nischen aufgestellten Statuen zu zeigen scheint. Rechts steht ein Tisch, auf dem der hohe, aufgesteifte Hut und ein Aktenbündel liegt. Links im Hintergrunde sehen wir astronomische Apparate. Auf dem Sockel: CHRISTOPH · FRIDERIC · IMHOF · AB · ET · IN · HELMSTATT etc. Unten: J. N. Bemmel ad nat. pingeb. J. J. Preisler inuent. delineab. Val. Dan. Preisler sculpeb.

19) Nic. Henrichsen de Westerbygaard.

Königlicher Justizrat zu Kopenhagen. Nach rechts gewendet. In Kniestück, im Lehnstuhl sitzend. In Perücke und Rock, von einem weiten Mantel umschlungen. Der rechte Arm ruht auf der Lehne. Unten: NICOLAVS HENRICHSEN DNS DE WESTERBYGAARD etc. In der Mitte der fünfzeiligen Schrift das Wappen. Darunter: J. M. Preisler. Chalc : Reg : Mai : Dan : et Nor : del. Val : Dan : Preisler. sculps. A. 1746.

20) Johann Jacob Haller von Hallerstein.

Nürnberger Senator. Von vorne, in Kniestück. In Perücke, Mantel, reichgesticktem offenen Rock und Weste. Er steht an einem Tische, auf dem sich ein mit einer Büste geschmücktes Schränkchen, Bücher und einige Medaillen befinden. Die rechte Hand hält ein Buch, die Linke stützt sich in die Seite, den Mantel haltend. Unten in der Mitte das Wappen, umgeben von sechszeiliger Schrift: IOHANNES IACOBVS HALLER AB HALLERSTEIN etc. Darunter: J. J. Preisler Acad. pict. Dir. pinx. Val. Dan. Preisler sc. Norimb. 1757.

21) Hans Joachim Haller von Hallerstein.

Nürnberger Senator, im Sessel sitzend, Kniestück. In Perücke, Mantel, Rock und Weste. Die auf dem Tische liegende Linke hält einen Brief. Bücher und Uhr stehen auf dem Tische. Die Finger der Rechten fassen den Mantel. In der Mitte der sechszeiligen Schrift das Wappen, umgeben von den Worten: HANNS IOACHIMVS HALLER etc. Unten: Gabriel Müller pinx. Val. Dan. Preisler sc. Nor. 1759.

22) Carl Wilhelm von Buirette.

Brandenburgischer Rat, in Kniestück. In Rock und gemusterter Weste, die Brust mit Orden geschmückt. Auf dem Tische liegen eine Mandoline und Noten. Unten: CAROLVS GVILIELMVS DE BVIRETTE etc. J. J. Preisler Acad. Pict. Dir. pinx. Val. Dan. Preisler Norib. sculps. 1764.

23) **Gotthard Friedrich von Appolt.**
Brandenburgischer Minister. In Kniestück. In Perücke, geharnischt im Mantel. Die Rechte auf dem auf dem Tische stehenden Helme. Unten: VIR ILLVSTR. AC GENEROSISSIMVS etc. Darunter: J. Leonh. Schneider Pict. Aulic. Onold. pinx. Val. Dan. Preisler Norib. sculps. 1760.

24) **Daniel de Superville.**
In Brustbild, nach rechts gewendet. In Perücke und Mantel. Auf der Schrifttafel: DANIEL de SVPERVILLE etc. Unten: Peint par Phil. Gvill. Oeding. Gravé par Val. Dan. Preisler à Noremb. 1754.

Zum Kupetzkywerk:

25) Karl Ben. Geuder von Heroldsberg, sitzend, mit einer Jagdflinte; ihm überreicht sein Sohn Adam Rudolf Karl einen Vogel. Unten: Omnis in Ascanio chari stat cura Parentis. Virgil.
26) Euchar Gottlieb Rink. Halbe Figur. Die Mütze auf dem Haupte, die Rechte hält ein Buch. Vor ihm ein Tisch mit Büchern u. a. Unten: EVCHARIVS GOTTLIEB RINK, Antecessor Primarius etc. Ingenio tamen ipse meo comitorqu. fruorqu. Ovid.
27) Johann Andreas Schmid. Kniestück, nach links gewendet, mit Jagdflinte. Im Grunde Bäume. Unten: JOHANNES ANDREAS SCHMIDIVS etc. Variam semper dant otia mentem. Lucan.
28) Gottfried Thomas. Er sitzt an einem Tische und hält in der Rechten ein Buch. Unten: GODEFRIDVS THOMASIVS. In vultu Charitum etc.
29) Frau von Sichart, geb. Tremmin. In Kniestück. Unten: Ars utinam mores, animumque! Martial.
30) Christoph August Lämermann. Halbe Figur. An einem Tische sitzend. Unten: CHRISTOPH AUGVSTVS LAEMMERMANN, I. U. D. etc. concedunt Archia Laurum etc.
31) Johann Sebastian Haller von Hallerstein. In Kniestück. Geharnischt, mit der rechten Hand den Stab haltend. Vor ihm auf dem Tische links der Helm. JO. SEBAST. HALLER DE HALLERSTEIN etc.
32) Maria Magdalena. Sie hält mit der Rechten den Totenkopf; vor ihr steht ein Kruzifix. Unten: Secundum peccatorem proportionem sint tibi lacrymimae. Chrysostom.
33) Jobst Wilhelm Ebner v. Eschenbach. Halbfigur, von vorne. Mit Jagdflinte. Unten: Virg: Pallas, quas condidit arces etc.
34) Susanna Jauchzin. Eine Frau an einem Herde, am linken Arme ein Körbchen tragend. Unten: Ne ex nobis etc.
35) Joh. Sigmund Holzschuher. Halbfigur. In Perücke und Mantel. Unten: In Sapientia Honos.
36) Joh. Friedrich Sichart von Sichartshofen. Halbe Figur. In Perücke und Mantel. Die Rechte hält einen Brief. Unten das Wappen,

umgeben von der Schrift: JO. FRIDERICVS SICHART DE SICHARTSHOFEN etc.
37) Georg Daniel Praebes, Jurist. In Halbfigur, an einem Tische sitzend. In der Linken Papiere haltend; der Arm liegt auf Büchern auf. Unten: GEORGIUS DANIEL PRAEBES etc. Me mea Simplicitas integritasque jurant.
38) Maria Sophia Ebner, geb. Nühlin. Halbfigur. In der Linken eine Blume haltend. Unten der verschlungene Namenszug.
39) Donna de Laub, Toscana.
40) Magd. Esther Weigl, in Halbfigur. Mit einem Knaben, auf dessen Kopf sie ihre Rechte legt. Unten: MAGDALENA ESTHER WEIGLIN etc.
41) Georg Hieronymus Weber.
42) Juliana Kolb. Mit geöffneter Schnürbrust Laute spielend. Unten: Et quoque potes etc.
43) Unbekannte junge Dame. Sitzend. Mit einem Körbchen Trauben. Unten: Heic dulces cerasos heic autumnalia pruna cernis. Propert.
44) S. Johannes Baptista.
45) Bettler, liegend, mit der Schale in der Linken. Unten: Numen confessis aliquod patet. Ovid.
46) Ein Mann vor einem Weinfasse, in der Rechten das volle Glas haltend. Unten: Potui sit idoneus, aetatem nactus bonam etc.

Von Valentin Daniel Preisler ist noch aufserdem bekannt:

47) Maria mit dem Kinde gen. La Zingarella. Nach A. Corregio.
48) Nackte Frau. Nach Giov. Tiepoli.
49) Badendes Mädchen. Nach Piazetta.
50) Venus unter einem Baume liegend. Nach Segatta.
51) Die drei Grazien. Nach S. Rosa.
52) Pan und die Nymphe. Nach A. van der Werff.
53) Apostelfigur. Nach H. Carracci.
54) Ein heiliger Eremit. Nach J. M. Preisler.
55) St. Petrus betend. Nach H. Troppa.
56) Büste eines Mannes mit dem Totenkopf. Nach Dietmar.
57) Bildnis eines Mannes, mit Lorbeer bekränzt. Nach Troppa.
58) Ein alter Philosoph. Nach Troppa.
59) Eine Dame mit gekreuzten Händen. Nach Titian.
60) Junge jüdische Braut. Nach Rembrandt.
61) Alte Frau, bei Licht Garn abhaspelnd.

Der letzte Sprosse der Preislerschen Künstlerfamilie ist der Sohn Johann Martins, Johann Georg. Geboren zu Kopenhagen 1757, erlernte er bei seinem Vater schon frühzeitig die Anfangsgründe der Kupferstecherkunst, besuchte aber auch die

Akademie, wo er sich die silberne Medaille errang. Das Jahr 1780 sah Preisler unter denen, die sich bei der Konkurrenz um die goldene Medaille beteiligten; er arbeitete an der später von ihm in Kupfer gestochenen Komposition: Christus und die Samariterin. Auch Carstens begann eine grofse Komposition „Äolus und Odysseus", die er in jenem Jahre zugleich mit einer Modellzeichnung zur Konkurrenz ablieferte. Die goldene Medaille und mit dieser zugleich das Reisestipendium konnte nach akademischem Herkommen nur der erhalten, dem bereits die silberne zuerkannt worden war. Carstens aber trat in diese Preisbewerbung mit der zuversichtlichen Hoffnung ein, beide Auszeichnungen auf einmal zu gewinnen: für die Modellzeichnung die silberne, die goldene für den Äolus. Er selbst gesteht dies freilich nicht offen zu, sondern sagt: „ein Künstler von denen, die um den grofsen Preis wetteiferten, hatte eine Zeichnung gemacht, die unter allen bei weitem die beste war, und jeder erwartete, dafs demselben der erste Preis würde zuerkannt werden. Aber bei der Austeilung erhielt ihn ein anderer, dessen Zeichnung weit unter jener war, und an den niemand gedacht hatte". Dieser Vorgezogene, unverdient Begünstigte „Verwandte Abildgaards", „Sohn eines Mitgliedes der Akademie", scheint kein anderer, als Johann Georg Preisler gewesen zu sein; denn ihm wurde thatsächlich die goldene Medaille und mit dieser zugleich das Reisestipendium zuerkannt. Wie sich Carstens, der die grofse silberne Medaille empfing, über dieses Urteil der Akademie äufserte, ist bekannt. „Obgleich ich", sagt er, „um den grofsen Preis nicht mit geworben hatte, so nahm ich mich doch des durch die parteiische Austeilung Zurückgesetzten und seiner Sache mit so grofsem Eifer an, als wenn ich selbst der Zurückgesetzte gewesen wäre". Er wies den ihm zuerkannten Preis zurück und erklärte, er werde nie wieder einen Fufs in die Akademie setzen, sie möge ihre Medaillen nur immer nach Gunst verteilen, er verlange keine davon! Die Folge war, dafs Carstens von der Akademie verwiesen wurde und das Wohlwollen des Erbprinzen gründlich einbüfste.[1]

Preisler reiste nun nach Paris und setzte seine Studien bei

---

[1] Fernow, Carstens Leben und Werke, herausgegeben von Riegel.

Wille fort. Nach einigen Jahren wurde er zum Mitgliede der Pariser Akademie ernannt. Sein Receptionsblatt führt den Titel: Dédale et Icare, peint par J. M. Vien, Chevalier de l'Ordre du Roi, pour sa réception à l'Académie de Paris en 1754, gravé par J. G. Preisler, fils, Pensionnaire du Roi de Dannemarke, pour sa réception à l'Académie de Paris en 1787.[1])

Später kehrte Preisler nach Kopenhagen zurück und wurde zum königlichen Hofkupferstecher, Professor und Mitglied der Kunstakademie ernannt. Er starb am 21. April 1831.

Es ist immerhin merkwürdig, daſs ein Preisler die Bahn des Mannes kreuzte, der als der Urheber der Richtung zu gelten hat, deren Wert und Gröſse immer deutlicher hervortritt und die, wie Hermann Grimm prophetisch sagt, einst als alle anderen Anstrengungen heutiger Kunst überragend dastehen wird. Wie es sich auch nun mit dem Urteile der Preisrichter verhalten mochte — die Preisler erscheinen nur als bloſse Eklektiker, die sich die Formen für ihre künstlerische Ideen zusammensuchten. Sie wuſsten sich nicht von den Schönheitsbegriffen ihrer Zeit zu emanzipieren und wurden von dem Eindrucke gezierter Sitten und aller Wunderlichkeiten jener Tage völlig und ganz beherrscht. Das deutsche, und sagen wir es nur, altfränkische Wesen — in jenem Sinne, zu dem so wenig das Wesen Dürers stimmt — ging ihnen freilich nicht verloren, auch wenn sie der französischen Kunst ihre beste Seite abzugewinnen gesonnen waren. Wir begegnen in keinem der Preisler weder einer besonders fruchtbaren Phantasie noch einem kühnen Gedankenfluge, dafür aber einem begabten Blick und einer sicheren, gewandten Hand.

Es ist ein eigentümlicher Zufall, daſs der Jüngling an die Thore der Kopenhagener Akademie pochte, in dem die Flamme der Begeisterung durch alle Schranken kühn emporschlug, der inmitten der Konvention und der Unnatur die reine

---

[1]) Auſserdem sind von ihm die vortrefflichen Kupferstiche bekannt: Susanna im Bade. Nach Franchi. — La Reveuse. Gravé à Paris, chez M. Wille. Eine Alte mit untergeschlagenen Armen im Fenster. Nach Zick. — Heinrich Gerner, dänischer Seeoffizier. Nach Juel. 1790. — Christian VII., König von Dänemark.

Menschennatur wiederentdeckte. Und noch eines ist für uns
merkwürdig: gerade in Kopenhagen erkannte Carstens das
Übel der Zeit und hier griff er es in tapferer Gründlichkeit
an: er fand, dafs das akademische Lehrverfahren die Hand zur
handwerksmäfsigen Künstlerschaft abrichte und ihr nichts weiter
als eine gewandte Technik verleihe!

Auch Thorwaldsen ist ein Schüler der Kopenhagener Akademie: auch er hat seine Kämpfe gegen die damals herrschenden verschrobenen Manieren der Professoren und die sogenannte akademische Auffassung zu bestehen gehabt.[1]

Mit der Erscheinung dieser beiden Männer kündigt sich die
Wiedergeburt der klassischen Kunst im deutschen Geiste an:
wie auf düster grauen Wolkenmassen die Farbenharmonie des
Regenbogens, wie nach der Nacht der Grufs des Morgenrots,
so erscheint das Auftreten der Männer, die sich der grofsen
Aufgabe der Zeit bewufst waren, den Bruch mit der bisherigen
akademischen Richtung vollendeten und die Begründer der
modernen Kunstentwickelung wurden.

---

[1] C. Nyrop giebt in seiner erwähnten Schrift: „Études sur l'industrie danoise" (Copenhague, impr. de Nielsen et Lydiche. 1878) eine Übersicht der Kunstpflege in Dänemark im vorigen und in diesem Jahrhundert, weist Wiedewelt und Harsdorff einen bedeutenden Anteil an der Reaktion gegen den dominierenden französischen Geschmack zu und sucht in ausführlicher Darstellung die weitverbreitete Ansicht zu widerlegen, dafs die klassizistische Kunstbildung in Dänemark durch Thorwaldsen begründet oder auch nur wesentlich gefördert worden sei. Nyrop geht soweit, zu behaupten, vor der Eröffnung des Thorwaldsen-Museums habe man in Kopenhagen von des Meisters Werken nur sehr wenig gewufst, während vor hundert Jahren schon Abildgaard seinen Einflufs in der gedachten Richtung geltend gemacht habe.

REGISTER.

Abildgaard, Professor der Kopenhagener Akademie 69. 82.
Appolt, Gotth. Friedr. v. 78.

Bamberg.
   Kgl. Bibliothek 29.
   Gemäldegalerie 12.
Behaim, Sigm. Friedr. v. Schwarzbach 63.
Berlin, Wilhelm Bernhard 61.
Beurer, Chr. Dan. 64.
Bouchardon, Edm. 20. 55.
Buirette, Carl Wilh. v. 77.

Campiglia 66.
Cars, Laurent 67.
Carstens 3. 71. 80 ff.
Christian, Kurfürst 7.
Christian VI. von Dänemark 44.
Creuzenach, Feldzeugmeister 15. 16.
Cyprian, Ernst Salomon 61.

Dorsch, Christ., Wappen- und Edelsteinschneider 56 ff.
Dorsch, Susanna Maria, Joh. Just. Preislers Gattin 57 ff. 75.

Eigtved, Hofbaumeister 45.
Ermels, Joh. Franz 74.

Fagel, Franz, Greffier 21. 52.
Finckler, Friedr. Gust. 61.
Friedrich V. v. Dänemark 44. 68. 69.
Fürer, Ullrich Sebast. 61.

Gabler, Ambrosius 53.
Geiger, Gottf. Engelh. 74.
Gessner, Salomon 55.
Geuder v. Heroldsberg 27.
Geuder, Adam Rudolf 49.
Ghezzi, Maler 19. 50.
Graun, Carl Heinr. 74.
Gödeler, Elias v. 11.
Graf, Salomon, Maler 56. 57.

Hainzelmann 7.
Haller v. Hallerstein, Hans Joach. 77.
Haller v. Hallerstein, Joh. Jac. 77.
Heumann, Georg Daniel 13. 67.
Hochmann, H. Chr. v. Hochenau 11. 12.
Holzschuher, Joh. Siegmund 62.
Holzschuher, Joh. Sieg. 62.

Jentsch, Johanna Susanna 62.

Ible, Maler 53.
Imhof, Chr. And. v., Baumeister 10. 11.
Imhof, Christ. Friedr. 77.
Imhof, Joh. Christ. 76.
Imhof, Lazarus v. 64.

Kilian, Ph. And. 13.
Kilian, B. u. P. 7.
Kirchmayr, Just. Kath. 7.
Klotz, Ch. Adolf 37 ff.
Kopenhagen.
   Akademie 45. 68. 71. 80. 81.
   Kgl. Gemäldegalerie 47.

Kramer, Maler 9.
Kress, Ad. Rud. v. Kressenstein 76.
Kupetzky, sein Werk 78.

Lami, Johannes 41.
Lang, Maler 67.
Lessing, G. E. 38.
Linck, Joh. Mart. 66.
Lode, Kupferstecher 68.
Löffelholz, Joh. Hieron. 65.
Ludwig XIV. L 1.
Ludwig XV. 2.

Malerakademien 10. 54.
Mariette 37.
Matthes, Nic. Christ. 53.
Meyer, Joh. Daniel, Maler 50.
Möglich, A. L., Kupferstecher 53.
Moltke, Graf 45.
Mörl, Doroth. Helene 57.
Mörl, Gust. Phil. 62.
Murrer, Maler 8. 10.
München.
    Kgl. Kupferstichkabinet 7.

Natter, L., Edelsteinschneider 37.
Norden, Friedr. Ludw. 42 ff.
Nürnberg.
    Akademie 11 ff. 53.
    Ebner'sches Museum 6.
    Germanisches Museum 6. 7. 13. 59.
    Patriziertum 60.
    Verfall der Kunst 4.
    Zeichenschule 11.
    Zunftzwang 5. 9 ff.

Odam, Joh. Hier. 19.
Ochsenstein, Joh. Christ. v. 65.
Oeding, Ph. W., Braunschweiger Hofmaler 32. 67.
Oeding, Barbara Helena, seine Gemahlin 67. 75.

Pancrazi, Guis. Mar. 41.
Pfinzing, Joh. Sigm. 63.

Picart, Kupferstecher 19.
Piazetta, Maler 16.
Poemer, Georg Christ. 63.
Pcemer, Joh. Wilh. 64.
Polignac, Cardinal 33. 35.
Popp, Heinrich, Maler 7. 8.
Poussin 47.
Preisler, Anna Felicitas 58.
Preisler, Barbara Helena 67. 75.
Preisler, Christ. Wilhelm, Arzt 72.
Preisler, Dan. 5 ff.
Preisler, Esther Maria 58.
Preisler, Georg 4.
Preisler, Georg Martin 13. 59. 75.
    Sein Werk 61 ff.
Preisler, Joach. Dan. 75.
Preisler, Joh. Dan. 8 ff. 27. 29 ff.
Preisler, Joh. Georg 79. 80.
Preisler, Joh. Just. 13. 15 ff. 27. 36. 52 ff. 76.
    Bouchardon 20 ff.
    Creuzenach 15.
    Direktor der Akademie 53.
    Fagel, Franz 21. 52.
    Gessners Angriff 55.
    Historienmaler 52.
    Italien 15 ff.
    Stosch, von 16 ff.
    Tuscher, Markus 25. 39.
    Watzdorf, v. 16.
Preisler, Joh. Mart. 13. 68 ff.
    Sein Werk 69 ff.
Preisler, Susanna Maria 58. 75.
Preisler, Val. Daniel 72 ff.
    Sein Schabkunstwerk 74 ff.
Probst, S. B. 13.

Rococo 2.
Russe, Joh. Heinr. 65.

Sandrart, Joach. u. Jak. 7.
Sandrart, Jacob 11.
Schiebling, Christ. 5.
Scheidlin, Anna Cath. 65.
Scheurl, Christ. Gottl. 76.

Schmied, Chr. Gottl. 11.
Schuster, Direktor d. Nürnb. Akad. 32.
Schweickart, Joh. Adam 29, 36.
Schweyer, Karl Martin 49.
Sichart, Anna Catharina von Sicharts-
  hofen 75.
Sichart, Barbara v. Sichartshofen 75.
Silberrad, Joh. Jac. 66.
Starck, Joh. Friedr. 76.
Stein, Buchhändler in Nürnberg 58.
Stosch, Heinr. Sigm. 19.
Stosch, Philipp v. 16. 18 ff. 25. 66.
  Briefwechsel 22 ff.
  Fagel, Franz 21.
  Lami, Johannes 41.
  Norden, Friedr. Ludwig 42 ff.
  Polignac, Melchior v. 34 ff.
  Preisler, J. J. 17 ff. 21 ff.
  Schweickart, Ad. 36.
  Tuscher, Markus 25 ff.
  Winckelmann 17. 36.
Superville, Dan. de 78.

Tetzel, Gust. Georg 62.
Thorwaldsen, Bertel 71. 72. 82.
Tuscher, Markus 25 ff.
  Briefwechsel 29. 39 ff. 46.
  Christian VI. 44.
  Klotz 37.
  Lami, Joh. 41.
  Lessing 38.
  Mariette 37.
  Medaillen auf Tuscher 50.
  Natter 37.
  Norden, Fr. Lud. 42. 48 ff.
  Polignac 34 ff.
  Poussin 47.
  Preisler, Joh. D. 27. 29 ff.

Tuscher, Markus.
  Preisler, Joh. Just. 39 ff. 46.
  Professor 44.
  Radierungen 49 ff.
  Steinschneider 36 ff.
  Stosch 25. 30. 35 ff.
  Wahl, Joh. Sal. 47.

Van der Neer 66.
Virtuosentum 12.
Vogel, B. 13. 72.
Volkamer, Chr. Gottl. 11.
Volland, Anna Sophia, Gattin Val. Dan.
  Preislers 72.
Volland, Wolfg. Melchior 71. 74.

Wackerbarth, v. 22.
Wagner, Joh. Georg, Maler 7.
Wahl, Joh. Salom., Schwiegervater Tu-
  schers 47.
Watzdorf, Graf v. 16.
Weidenhaupt, Hofbildhauer und Pro-
  fessor in Kopenhagen 68.
Weis, Elias Christ. 63.
Westerbygaard, Nic. Henrichsen de 77.
Wiedewelt, Joh., Bildhauer in Kopen-
  hagen 68. 69. 82.
Wien, K. K. Gemäldegalerie 6.
Widmann, Anna Magd. 63.
Widmann, Joh. Wilh. 63.
Will, Georg Andreas 74.
Winckelmann 17. 36. 68.
Windter, J. W. 13.
Woelckern, Carl Wilh. v. 65.
Wolf, Christian 74.
Wurster, Jonas Paul 66.

Zopfstil 3.
Zwinger, C. J. S. 51. 59.

Druck von Bär & Hermann in Leipzig.